GERHARD ADLER

ES GIBT DINGE ZWISCHEN HIMMEL UND ERDE...

GERHARD ADLER

Es gibt Dinge zwischen Himmel und Erde ...

Parapsychologie, Okkultismus und Religion

2. Auflage
4.–6. Tausend

JOSEF KNECHT · FRANKFURT AM MAIN

ISBN 3-7820-0322-5

2. Auflage 1976. Printed in Germany.
Gesamtherstellung: Wiesbadener Graphische Betriebe GmbH, Wiesbaden

Die Frage des Überlebens der Person bleibt nun einmal das Hauptproblem aller Wissenschaft, mögen auch unsere offiziellen Philosophen und Psychologen fast alle einen weiten Bogen um sie machen und tun, als ob sie sie überhaupt nicht sehen.

Hans Driesch, 1932

Der Abgrund zwischen Naturwissenschaft und Religion, wie er lange Zeit zu bestehen schien, wird durch die Erkenntnisse der Parapsychologie über die Raum und Zeit transzendierenden Fähigkeiten der Psyche und der sich in den spontanen Phänomenen und synchronistischen Zufällen immer wieder abzeichnenden Sinnhaftigkeit des Geschehens überbrückt. Die Zeiten eines mechanistischen Weltverständnisses – oder besser – Unverständnisses sind vorbei.

Hans Bender, 1970

Wir begeben uns hier zwar auf einen Boden, der in keiner Weise den Segen der offiziellen Wissenschaft genießt, aber weit mehr Menschen beschäftigt als die wertfreien Brosamen, die von den Tischen der Gelehrten fallen.

Andreas Resch, 1972

INHALT

EINLEITUNG

Ahnungsvolle Traumerlebnisse, die sich nachträglich bis in Einzelheiten verwirklicht haben, gehören zu jenen Erscheinungen, die zwar allgemein bekannt sind, sich aber dennoch einer rationalen Erklärung entziehen. Aberglaube, Zufall oder außersinnliche Wahrnehmung?

Hellseher und Wahrsager werden heute noch von Angehörigen aller Bildungsschichten um Rat und Weisung befragt, wenn wichtige Lebensentscheidungen zu treffen sind. Handelt es sich da nur um Dummheit, die, aus Lebensangst geboren, von Scharlatanen und Betrügern ausgenutzt wird, oder gibt es wirklich Menschen mit unbekannten Informationsquellen, mit Empfindungsorganen, die nicht Allgemeingut sind?

Der Volksglaube erzählt von Spuk und Poltergeistern. Klopfgeräusche sollen einen Todesfall ankündigen. Wenn der Tod eintritt, so heißt es, fallen Bilder des Sterbenden um, Uhren bleiben stehen. Ist all dies nur das kollektive Hirngespinst in einer Bevölkerungsschicht, die noch einem vorwissenschaftlichen magisch-mythischen Weltbild anhängt, oder kommt solchen Phänomenen auch Wirklichkeitscharakter zu?

Schließlich sind aus der Geschichte aller Kulturen und Nationen sonderbare Ereignisse überliefert, die in Legenden von Helden und Heiligen einen Niederschlag finden. Auch in der neueren Geschichte sollen solche Ereignisse von entscheidender Bedeutung gewesen sein; man denke an den Mord von Sarajewo, der zum Ausbruch des Ersten Weltkriegs führte und der angeblich in Einzelheiten vorher im Traum erlebt und schriftlich niedergelegt worden sein soll [1].

Die Bibel, das Alte wie das Neue Testament, ist voll von Wunderberichten: Krankenheilungen, Teufelsaustreibungen, Totenerweckungen, heil- und unheilvolle Prophetien sind aus der Heiligen Schrift nicht wegzudenken. Die Theologie sieht sich heute in besonderem Maße von solchen Berichten herausgefordert; sie ist sich aber nicht über die Interpretation dieser Erzählungen einig. Sind es nur phantastische Ausschmückungen einer vorkritischen Epoche, oder sind – wie es eine traditionelle Theologie will – die biblischen Erzählungen mehr oder weniger so geschehen, wie sie uns berichtet werden?

Wahrträume, Zweites Gesicht, Hellsehen, Prophezeihungen und Wunder sind, falls es überhaupt solche Phänomene gibt, okkulte Erscheinungen, die sich weitgehend einer Erklärung entziehen; sie lassen sich nicht mit den Kategorien unserer heutigen Wissenschaft erfassen und in ein rationalistisches Weltbild einordnen. Dennoch sind sie Gegenstand einer Wissenschaft, der Wissenschaft von den okkulten Phänomenen, die sich *Parapsychologie* und auch *Paranormologie* nennt. Das will besagen, diese Wissenschaft will jene Erlebnisse, Erscheinungen, Phänomene erforschen, die *neben* den Kategorien unserer Psychologie – deswegen *Para-Psychologie* –, die

[1] Zur Orientierung über Sarajewo aus der Sicht der Paranormologie, vgl. Zeitschrift »Grenzgebiete der Wissenschaft«, IV 1970 und I 1971.

neben den üblichen Normen – deswegen *Para*-Normologie – sich ereignen oder zu ereignen scheinen. Diese Wissenschaft soll hier zunächst vorgestellt werden. Anschließend ist auf die Konsequenzen hinzuweisen, die die Erkenntnisse auf diesem Gebiet für unser Weltbild mit sich bringen. Die Bereiche, in die die Grenzwissenschaft vorstößt, sind für die zentralsten philosophischen und religiösen Grundfragen des Menschen relevant.

Geheimnisvolle Vorgänge, okkulte Geschehnisse haben stets die Gemüter bewegt. Und selbst dort, wo das herrschende Weltbild sie für nicht-existent erklärt, wirken paranormale Ereignisse als Inspiration für literarische Gestaltung. Eine Durchforstung der Literaturgeschichte nach okkulten Inhalten ergäbe eine reiche Ausbeute.

Vorkommnisse, die nach den Kategorien der heutigen Wissenschaft als paranormal eingestuft werden müssen, ja der Kontakt zu einer jenseitigen Welt, sind selbstverständlicher Inhalt von Ilias und Odyssee, bei Dante, in den Märchen aller Völker. Der Verkehr mit olympischen Göttern, die Schau religiös-transzendenter Wahrheiten im Traum, Zauberei und Geisterbeschwörung werden aber bereits sehr früh auch einer kritischen Betrachtung unterzogen. Schon in literarischen Werken der Antike taucht die Auseinandersetzung mit dem Paranormalen auf, die Frage nach seiner Wirklichkeit und Möglichkeit wird gestellt.

Im *König Ödipus*[2] des *Sophokles* (ca. 496–406 v. Chr.) ruft der König von Theben den blinden Seher Teiresias, damit er das Unglück deute, das über die Stadt hereingebrochen ist:

[2] Zitate aus: Sophokles: Tragödien. Nach der Übertragung von J. J. Christian Donner, München 1956.

Ödipus:

»Du, der in alles spähend dringt, Teiresias,
In Klares, Dunkles, was in Erd und Himmel ist,
Du kannst die Stadt nicht schauen, doch erkennst du wohl
Welch schwere Not sie heimgesucht; ... (301–304)
Mißgönne du mir also nicht der Vögel Spruch,
Noch andre Seherzeichen, sind dir welche kund.« (311 f)

Ödipus zitiert also einen (in moderner Begrifflichkeit) »Hellseher«, weil er es für möglich hält, daß ein »Sensitiver« auf »außersinnlichem« Wege Verborgenes in Erfahrung bringen kann. Als jedoch die »paranormale« Auskunft sich als eine Schreckensbotschaft für den König erweist, schlägt dessen Einstellung um und er schilt den Seher:

»... diesen Zaubermann, den Ränkeschmied,
Den listenreichen Gaukler, der in Wucher nur
Scharfsichtig und in seiner Kunst ein Blinder ist! (388–390)
...
Mir ahnte nicht, du werdest Unsinn schwatzen, denn
Sonst hätt ich dich zu meinem Hause nicht bestellt.« (434 f)

Jokaste, Ödipus' Frau und Mutter, argumentiert mit angeblicher Nichterfüllung früherer Sehersprüche und versucht damit, den erregten König zu beruhigen:

»Und höre mich und wisse: nie befand sich noch
Ein sterblich Wesen im Besitz der Seherkunst.« (695 f)

Diese griechische Tragödie zeigt also einerseits, daß die Fähigkeit des Sehers im allgemeinen Bewußtsein anerkannt ist, daß diese Fähigkeit aber auch in Zweifel gezogen wird, und zwar mit »Vernunftgründen«, wenn die Botschaft des Sehers Unheilvolles verkündet.

Der Rückgriff auf eine nichtrationale Erkenntnismethode, wie etwa das Hellsehen, ist auch heute noch eine vielfach geübte Praxis, die keineswegs nur von abergläubischen und ungebildeten Geistern aufgenommen wird, wenn existentielle Entscheidungen zu treffen sind. Auch in der Bundesrepublik können zahlreiche Hellseher ein gewinnbringendes Gewerbe unterhalten. (Dies vorweg: unter sehr viel Betrug und Scharlatanerie dürfte ein echter Kern paranormal begabter Hellseher nicht zu bestreiten sein; die Probleme, die sich aber auch aus den Leistungen wirklicher Sensitiver ergeben können, werden noch behandelt.)

Ein weiteres Beispiel aus dem literarischen Bereich führt uns zur Frage des Traumerlebnisses und der Traumdeutung.

Novalis' Heinrich von Ofterdingen berichtet eines morgens seinen Eltern von einem eindrucksvollen Traum, »von dem mich dünkt, als sei es mehr als bloßer Traum gewesen«. Heinrich wird von seinem Vater zur Vernunft gerufen, und zwar mit einem ambivalenten Argument: »Die Zeiten sind nicht mehr, wo zu den Träumen göttliche Gesichte sich gesellten, und wir können und werden es nicht begreifen, wie es jenen auserwählten Männern, von denen die Bibel erzählt, zumute gewesen ist. Damals muß es eine andere Beschaffenheit mit den Träumen gehabt haben, so wie mit den menschlichen Dingen. In dem Alter der Welt, wo wir leben«, so Heinrichs Vater weiter, »findet der unmittelbare Verkehr mit dem Himmel nicht mehr statt. ... statt jener ausdrücklichen Offenbarungen redet jetzt der heilige Geist unmittelbar durch den Verstand kluger und wohlgesinnter Männer und durch die Lebensweise und die Schicksale frommer Menschen zu uns«.[3]

[3] Novalis: Hymnen an die Nacht. Heinrich von Ofterdingen, München o. J., S. 44.

Novalis bringt hier, absichtlich oder nicht, eine bezeichnende Unsicherheit biblischen Texten gegenüber zum Ausdruck. Der prophetische oder, neutraler formuliert, präkognitive Gehalt eines Traumes wird hier zwar noch nicht für die Vergangenheit, insbesondere die Heilige Schrift, in Abrede gestellt, aber die Möglichkeit, daß so etwas »heute noch« vorkommt, wird nicht in Erwägung gezogen. (Es wird uns beschäftigen müssen, ob eine radikale Entmythologisierung der Bibel nicht noch einen Schritt weiter geht: weil es Paranormales, zum Beispiel prophetische Zukunftsträume, *nicht geben kann*, weil sie nicht einfügbar sind in unser Weltbild, kann es sie auch im Altertum nicht gegeben haben, und folglich sind die in der Bibel berichteten Erzählungen ungewöhnlichen Inhalts Mythen und Märchen: so könnte man die rationalistische Bibelkritik in unserem Zusammenhang kurz kennzeichnen.)

Balzac – damit kommen wir zu einem dritten literarischen Beispiel – demonstriert in seinen *Mystischen Geschichten* seine Einfühlungsgabe in das magische Welterleben und seine Faszination vor okkulten Experimenten und Erlebnissen – um dann, in der Erzählung »Tobias Guarnerius«, mit dem unvermittelten Schluß aufzuwarten: »Ich meine indes, daß dieses nur ein Wahn alter Weiber ist, welchem gebildete Leute keinen Glauben beimessen; denn man kann nicht genug dem albernen Aberglauben mißtrauen, dem sich das Volk so willig überläßt.« [4]

Die Ambivalenz, die beispielhaft mit Sophokles, Novalis und Balzac demonstriert wurde, ist offenbar eine

[4] Honoré de Balzac: Mystische Geschichten, München 1964, S. 148.

variationsfähige Grundhaltung. Bereits Aristoteles hat darüber reflektiert, wie okkulte Phänomene mit den Vernunftgründen in Einklang zu bringen seien. Die Aporie, die Aristoteles eingesteht, ist auch heute von ungeminderter Aktualität: die Erfahrung spreche zwar für prophetische Träume, so heißt es in einer seiner psychologischen Schriften, der Mangel an vernünftigen Ursachen jedoch dagegen[5].

Die literarischen Beispiele sind zufällige Lesefrüchte. Eine bewußte Suche würde sicherlich noch viel eindrucksvollere Ergebnisse zeitigen[6]. Alle diese Berichte sind natürlich weder ein Beweis für die Existenz des Paranormalen, noch sind literarische Niederschläge unbedingt konkreten Eigenerfahrungen der Schriftsteller zu verdanken, wenn dies auch oftmals naheliegt. Die Beispiele

[5] Wörtlich heißt es bei Aristoteles: »Über Weissagung, die im Schlaf vorkommt und aus den Träumen sich ergeben soll, darf man weder verächtlich noch leichtgläubig reden. Denn daß alle oder doch viele glauben,Träume hätten etwas zu bedeuten, wirkt überzeugend wie ein Erfahrungssatz, und daß es Dinge gibt, die man in den Träumen vorausahnen kann, ist schon zu glauben, da es seine Gründe hat, weswegen man auch für die andern Träume auf denselben Glauben kommt. Aber daß keine vernünftige Ursache zu finden ist für einen solchen Vorgang, macht die Sache wieder zweifelhaft.« Zitiert nach dem Sammelband: Parapsychologie. Entwicklung, Ergebnisse, Probleme. Herausgegeben von Hans Bender. Wege der Forschung IV. Darmstadt 1966, S. 26.

[6] Aufschlußreich für den Niederschlag okkulter Thematik bei Dichtern und in der Dichtung ist das Kapitel »Poésie et Occultisme«, in: Albert Béguin: Poésie de la Présence de Chrétien de Troyes à Pierre Emmanuel, Neuchâtel und Paris 1957, S. 133–150. Auch sei erinnert an die Experimente mit sogenannten Materialisationsmedien und dergleichen, an denen Thomas Mann beteiligt war und die er beschreibt: »Okkulte Erlebnisse«, in: Thomas Mann: Autobiographisches, Frankfurt 1968, S. 60–88. (Erstveröffentlichung 1924.)

sollen nur demonstrieren, daß der uns hier beschäftigende Gegenstand, das Paranormale, offenbar eine relativ verbreitete Erscheinung darstellt, die zu allen Zeiten wirkungsvoll gewesen ist.

Man braucht keineswegs auf Shakespeare oder Goethe zu rekurrieren, oder gar auf religiöse Dokumente wie die Bibel oder die aszetische Literatur, um von der »verborgenen Wirklichkeit« (Bender) zu erfahren. Manche Erzählung von Marie Luise Kaschnitz[7] läßt sich nicht nur als Lust am Gruseligen interpretieren, sondern ist offenbar Ausdruck von Sensibilität und Erlebnisfähigkeit für okkulte Kräfte und Vorkommnisse.

Es sei auch nicht verschwiegen, daß okkultfeindliche Überzeugungen literarische Gestalt angenommen haben. Ein lustiges lesenswertes Beispiel ist eine Erzählung von Alfred Döblin aus dem Jahre 1948: »Reiseverkehr mit dem Jenseits.« Döblin macht sich über Spiritisten und Theosophen lustig, die allzu detaillierte Beschreibungen vom Jenseits liefern zu können glauben (»Drüben ging es sichtlich viel natürlicher zu, als man sich vorgestellt hatte«[8]). Er knüpft in dieser Geschichte auch an die »Enthüllungsschriften« an, die Betrugsmanöver von angeblich mit »Jenseitigen« in Verbindung stehenden Medien und Gauklern bloßstellten oder dies vorgaben.

Die Thematik des Geheimnisvollen ist also kein auf Antike und Mittelalter beschränktes literarisches Sujet. Sie erregt auch heute ein breites Interesse. Daß jedoch in der Frage der Erklärung oder Deutung der Vorkomm-

[7] Siehe beispielsweise Marie Luise Kaschnitz: Lange Schatten. Erzählungen, München 1964.

[8] In Alfred Döblin: Gesammelte Erzählungen, Reinbek 1971, S. 351–401, Zitat S. 357.

nisse nur ganz geringe Fortschritte gemacht werden konnten, hat die ambivalente Einstellung den Phänomenen gegenüber noch bekräftigt: einerseits kann die *Faktizität* okkulter Vorgänge angesichts der Überfülle an Zeugnissen und empirischen Untersuchungen vernünftigerweise nicht geleugnet werden, andererseits jedoch leistet die Vernunft noch keine überzeugende *Erklärung* der Erlebnisse. Dieser Sachverhalt erzeugt die unterschiedlichsten Reaktionen. Die *radikale Leugnung* schon der Existenz unerklärbaren Geschehens (das eine Extrem) ist als ebenso irrational und denkfeindlich zu bezeichnen wie (das andere Extrem der) *Okkultgläubigkeit,* die sich einer wissenschaftlichen Durchdringung der Phänomene verschließt. Diese Unsicherheiten und Widersprüche können uns jedoch neugierig machen und die Frage aufkommen lassen: welche Informationen und Orientierungshilfen hat die Wissenschaft des Paranormalen bereits anzubieten?

Die Beschäftigung mit Grenzgebieten ist aus mehrfachen Gründen eine heikle Angelegenheit. Daß man keine allseits befriedigende oder gar wissenschaftlich anerkannte Erklärung zu bieten vermag, liegt schon im Wesen der Forschungsgegenstände – andernfalls wären sie dem »Grenzbereich« entrückt. Und weil es die gewünschte Erklärung in einer handgreiflichen Form nicht gibt, begegnet dem damit Befaßten immer wieder der Standpunkt: so was gibt es nicht, so was kann es gar nicht geben.

Damit sind wir bei einer weiteren Schwierigkeit. Wenn ein Gespräch auf paranormale Phänomene kommt und man deren Faktizität voraussetzt, erhält man mit Regelmäßigkeit die Antwort: »Glauben Sie denn wirklich, daß es so etwas gibt?« – Der Sachverhalt, der für den Informierten ein (wenn auch unvollständiges) Wissen darstellt, wird häufig in den Bereich des Glaubens, des Mutmaßens, ja des Aberglaubens abgeschoben.

Gänzlich von der Hand zu weisen ist nun diese Einstellung auch wieder nicht. Handelt es sich doch sehr häufig bei den am Ungewöhnlichen, am Okkulten Interessierten um »Gläubige«, besser Abergläubische. Zahlreichen Okkultgläubigen sind alle vordergründig nicht erklärbaren Phänomene unmittelbarer Hinweis auf oder gar der Beweis für eine Wirklichkeit, die von der Theologie als Jenseits bezeichnet wird.

Der Parapsychologe sieht sich also nicht nur von rationalistischen Skeptikern in seiner Ernsthaftigkeit und Seriosität in Frage gestellt, sondern wird auch vom Okkultgläubigen beargwöhnt, weil dessen (Kurz-)Schlußfolgerungen vom Wissenschaftler nicht aktzeptiert werden können. Der Parapsychologe – dies vorweg – kann nicht empirische Ergebnisse für metaphysische Spekulationen mißbrauchen lassen, selbst wenn eine gewisse Problemverwandtschaft besteht.

Wenn ein Parapsychologe philosophische Schlußfolgerungen aus seinen Befunden zieht, dann tut er dies nicht als empirisch arbeitender Wissenschaftler, sondern als ein philosophisch oder religiös interessiertes Individuum. Das eine – die empirische Untersuchung – ist so legitim wie das andere – philosophisch-weltanschauliches Durchdenken –, jedoch unterscheidet die Wissenschaft zwischen empirischem Beweis und philosophischer Überzeugung.

Und damit ergibt sich gleich ein weiteres Dilemma: Insofern der Erforscher des Paranormalen sich nicht ohne einen philosophischen Horizont bewegen kann, – denn seine Arbeit soll ja nicht Selbstzweck sein, sondern in einen größeren Zusammenhang eingeordnet werden – insofern also ist die parapsychologische Arbeit von weltanschaulichem Interesse. Es ist also deutlich zu machen, wer in welcher Absicht was sagt.

Von der streng animistisch[9] ausgerichteten Forschung abgesehen, tritt die Parapsychologie auch weitgehend unter weltanschaulichen Vorzeichen an. Mancher Empiriker scheut sich jedoch, sich zum Philosophen aufzuschwingen und auf die weltanschaulichen Konsequenzen seiner Denkansätze hinzuweisen. Muß er doch befürchten, sich durch solche Äußerungen als Fachwissenschaftler zu disqualifizieren bzw. von interessierten Gruppen als Kronzeuge bestimmter Denkmodelle vereinnahmt zu werden, seien diese nun theologischer, spiritistischer oder auch materialistischer Art.

Durch gewichtige historische Zusammenhänge wird diese Befürchtung nahegelegt: die empirische Parapsychologie hat sich aus dem Spiritismus herausentwickelt, aus spiritistischen Praktiken, deren Hauptmotor der brennende Wunsch gewesen ist, unumstößliche Beweise für die Weiterexistenz der menschlichen Seele nach dem leiblichen Tod zu erbringen[10]. Inzwischen sind aber durch zahlreiche Befunde immer mehr und gerade reno-

[9] Die parapsychologischen Termini werden im folgenden Kapitel erläutert.

[10] Über die Geschichte der Parapsychologie informiert in eindrucksvoller Weise und mit spannenden Beispielen G. N. M. Tyrrell: Mensch und Welt in der Parapsychologie. Übersetzt und herausgegeben von Hans Bender und Inge Strauch. Mit einem Nachwort von Hans Bender. Bremen 1972.

mierte Parapsychologen von derartigen Thesen abgerückt. Es ist so zu einer begrüßenswerten Trennung der Betätigungsfelder und der Erkenntnismethoden gekommen. Zum anderen müssen sich Parapsychologie und Paranormologie aus wissenschaftspolitischen Gründen noch äußerst distanziert verhalten, weil sie leider noch nicht überall die verdiente Anerkennung als Wissenschaft gefunden haben. Die Parapsychologen sind verständlicherweise nicht daran interessiert, durch weltanschauliche Extrapolationen schwererkämpftes Terrain aufs Spiel zu setzen[11].

So stehen wir vor der Tatsache, daß es zwar seit einigen Jahren Gespräche zwischen Parapsychologen und weltanschaulich interessierten Fachleuten gibt, daß es aber an einer philosophischen oder gar religiös-theologi-

[11] Bezeichnend ist dafür der Artikel »Parapsychologie«, verfaßt von dem britischen Parapsychologen J. Beloff, in dem neuen Standardwerk »Lexikon der Psychologie«, hrsg. von Wilhelm Arnold, Hans-Jürgen Eysenck und Richard Meili, Zweiter Band, Freiburg–Basel–Wien 1971, Sp. 719–723. Die aus wissenschaftspolitischen Gründen geübte Zurückhaltung (gerade unter den Psychologen finden sich viele Gegner der Parapsychologie) erweckt in diesem Fall den Eindruck von Skepsis – was gar nicht im Interesse des Verfassers liegt. So heißt es: »Die Stellung der P. bleibt zwiespältig. Die Frage, ob es irgendwelche echte paranormale Phänomene gibt und – wenn ja – welche Bedeutung sie für die Psychol. haben, spaltet die Wissenschaftler, die sich weigern, der P. irgendeine Funktion zuzubilligen, außer der Aufklärung betrügerischer Ansprüche, aber es gibt auch solche, die annehmen, daß die P. wesentliche Anhaltspunkte für das Verstehen des Menschen und der Natur bietet. Für die gegenwärtige Nichtanerkennung der P. können drei Gründe angeführt werden: a) ihr Unvermögen, irgendein wiederholbares Exp. in unzweideutiger Weise durchzuführen; b) der unerhörte Ruf ihrer Ansprüche und c) das Fehlen einer kohärenten Theorie von Psi.« Sp. 719 f.

schen Auswertung der Ergebnisse auf breiter Ebene immer noch fehlt [12].

Diese Schrift will deshalb auf die weltanschauliche Relevanz paranormaler Phänomene hinweisen. Damit soll weder mit Hilfe der Wissenschaft eine apologetische Notbremse gezogen werden angesichts der Glaubenskrise (Frage nach dem Jenseits), noch soll den Okkultisten die Existenzberechtigung ihrer Überzeugungen negiert werden. Es kann nur um den Hinweis gehen, daß hier ein weitgehend unbekanntes Gebiet zu beschreiten wäre, das geeignet ist, eine Erweiterung unseres Weltbildes zu bewirken. Eine vermittelnde Stellung ist in diesem Rahmen angebracht, da widersprüchliche Thesen von Fachleuten vertreten werden, deren wissenschaftliche Befähigung ebenso wenig in Zweifel gezogen werden kann wie ihre charakterliche Zuverlässigkeit, die den Aussagen das Gewicht verleihen.

Die Faszination für das Paranormale wird also nur vordergründig durch die ungewöhnlichen Ereignisse selbst ausgelöst: Hellsehen, Telepathie, selbst Spuk und Präkognition sind für den, der sich damit befaßt, immer wieder im gleichen Modell ablaufende Vorgänge, die schließlich kaum größere Anziehungskraft auszuüben vermögen als naturwissenschaftliche Experimente. Die eigentliche und andauernde Faszination richtet sich auf die weltanschaulichen Konsequenzen, die philosophi-

[12] Kirchliche Akademien haben in Zusammenarbeit mit dem Freiburger Institut für Grenzgebiete mehrere Veranstaltungen organisiert, die das große Interesse der Öffentlichkeit an der Thematik erkennen ließen. Vgl. den ausführlichen Tagungsbericht von Eberhard Bauer: Auf der Suche nach einer anderen Wirklichkeit. Zu einer Tagungsreihe über Parapsychologie, in: Herder Korrespondenz, März 1974, S. 128–133.

schen und wissenschaftstheoretischen Fragen, die sich aus der Faktizität der Phänomene ergeben. Das Erkenntnisinteresse führt zu einer Bewußtseinserweiterung: Unser physikalisches Weltbild erweist sich als ergänzungsbedürftig. Biologie und Medizin erfassen mit ihren anerkannten Kategorien nicht mehr jene Phänomene, die zwar für den Biologen und Mediziner beobachtbar, aber nicht mehr erklärbar sind. Zahlreiche Phänomene relativieren unseren Zeitbegriff: das vertraute Kontinuum, von der Vergangenheit über die Gegenwart in die Zukunft gerichtet, scheint nicht die einzig mögliche Kategorie zu sein, die »stimmt«. Und »ganz nebenbei« ergeben sich Überlegungen, daß die uralten Fragen nach dem Wesen der Materie, der Existenz eines geistigen Prinzips, nach dem Verhältnis von Leib und Seele neu zu stellen sind. Es zeigen sich sogar Problemverwandtschaften zwischen Physik und Tiefenpsychologie. Und schließlich: Naturwissenschaft und Theologie rücken einander näher.

So unvollständig wie die Skizzierung unseres Problemfeldes muß auch die folgende Darstellung bleiben. Sie ist als Einführung in die Problemstellung gemeint, als eine erste Orientierungshilfe angesichts des Booms an notwendigen und aufgebauschten Informationen über okkulte Vorgänge, und schließlich als Hinleitung zur weiterführenden Fachliteratur.

Am Beginn unserer Überlegungen stehen knappe Begriffserklärungen und die abrißhafte Darstellung der Forschungsbereiche. Damit sollen jedoch nur die Voraussetzungen geschaffen werden, so daß der Hinweis auf weltanschauliche Konsequenzen ohne begriffliche Mißverständnisse erfolgen kann. Das Problembewußtsein soll dabei vor allem auf seiten der Theologie ein wenig angeregt werden.

An dieser Stelle sei vermerkt, daß der Informationshintergrund des Autors ebenso von Gesprächen und Diskussionen mit Parapsychologen und Okkultisten bestimmt wurde wie durch Lektüre der Fachliteratur. Deshalb wird Interviewausschnitten der gleiche Raum gegeben wie Zitaten.

EINIGE GRUNDBEGRIFFE

Begriffsbestimmungen stehen nicht deshalb am Beginn, weil damit einem pedantischen Vollständigkeitsbedürfnis Genüge getan werden soll. Definitionen sind vielmehr – auch im Bereich des Paranormalen – ein wesentlicher Einstieg in die behandelte Materie. Wenn die Begriffe klar sind, wenn die damit verbundene Problematik erfaßt worden ist, dann ist der entscheidende Einblick in das Selbstverständnis einer Wissenschaft gegeben, in ihre Voraussetzungen und auch in ihre Grenzen. Anhand von einigen Beispielen sollen die wichtigsten Grundbegriffe deshalb hier einleitend erläutert werden, zunächst im Anschluß an die Systematik, die Hans Bender[1] für die Parapsychologie (ein ebenfalls noch zu klärender Begriff) gibt. Knappe und präzise Definitionen für Paraspychologie und darüber hinausreichende Grenzgebiete gibt das Nachschlagewerk von Ferdinand Zahlner[2].

[1] Professor Hans Bender (Freiburg) ist der einzige deutsche Lehrstuhlinhaber für Parapsychologie; er leitet das Freiburger Institut für Grenzgebiete der Psychologie und Psychohygiene. Seine Arbeiten werden noch mehrfach zitiert. Die in diesem Abschnitt vorgeführten Definitionen Benders sind einem Fragebogen für parapsychologische Reihenuntersuchungen entnommen.

[2] Ferdinand Zahlner: Kleines Lexikon der Paranormologie. Herausgegeben von Andreas Resch. Abensberg 1972. Auch als Sonderdruck der Zeitschrift Grenzgebiete der Wissenschaft II–III 1972.

I. Die »außersinnliche Wahrnehmung«

Die Kürzel Psi, ASW (= außersinnliche Wahrnehmung, engl. ESP = extra-sensory perception) und neuerdings auch AGE (= außergewöhnliche Erfahrung) stehen für die Fähigkeit, Kenntnisse in Erfahrung zu bringen, die sich auf zeitlich (vergangen und zukünftig) und/oder räumlich entfernte Gegenstände oder Bewußtseinsinhalte beziehen. Dabei muß ausgeschlossen sein, daß diese Kenntnisse auf sinnlichem Wege vermittelt werden oder durch Schlußfolgerungen und dergleichen in Erfahrung gebracht werden können. ASW/AGE ist in drei Formen bekannt: Hellsehen, Telepathie, Präkognition.

1. Hellsehen: Wenn jemand von sich behauptet, er könne, auf Anfrage, den Aufenthaltsort einer gesuchten Sache angeben, und wenn im Idealfall sicher ist, daß er diese gewünschte Information weder auf normalem Wege erfahren hat, noch auch vom Bewußtsein oder Unbewußtem einer anderen Person, die darum weiß, »abgezapft« hat, so handelt es sich um Hellsehen, nach einer Definition von Bender um »die außersinnliche Wahrnehmung von objektiven Sachverhalten, die psychisch nicht repräsentiert sind, das heißt, niemandem bekannt sind.«

Zur Erläuterung ein *Beispiel,* das gleichzeitig eine der zahlreichen Untersuchungsmethoden vorstellt:

Für das Freiburger Institut wurde ein Gerät entwickelt, das Hellsehfähigkeiten testen kann. In einem abgeschlossenen Raum »A« beleuchtet ein Zufallsgenerator eines von fünf Farbtäfelchen. In einem Raum »B« befindet sich die Versuchsperson vor ebenfalls fünf Farbtäfelchen, die jeweils mit einem Druckknopf versehen sind. Wenn der Zufallsgenerator im Raum »A« eine Farbe angewählt und beleuchtet hat, erscheint im Raum »B« das Signal »Start«. Die Versuchsperson soll nun einen Druckknopf unter einem der fünf Täfelchen betätigen; wird die richtige Farbe erraten, so erscheint das Signal »Treffer«. Dieses Experiment wird 450mal hintereinander durchgeführt. Dieser Vorgang dauert etwa eine halbe Stunde. Dabei sitzt die Testperson in einem abgedunkelten Raum auf einem bequemen Sessel; die Schallplattenmusik ist geeignet, eine leichte Trance zu erzeugen.

Nach der mathematischen Wahrscheinlichkeitsrechnung werden 20 Prozent Treffer erzielt, das sind 90 von 450. Das ist auch das häufigste Ergebnis. Solche Personen sind parapsychologisch uninteressant. Erst wenn in regelmäßigen Versuchsreihen immer wieder erheblich überdurchschnittliche Trefferzahlen erzielt werden, liegt die Vermutung nahe, daß mehr als Zufall im Spiel ist. Mit ähnlichen Versuchsanordnungen wurden zum Beispiel in den USA Ergebnisse erzielt, die nach mathematischer Wahrscheinlichkeitsrechnung nur in 100 Billionen Testversuchen einmal vorkommen sollten[3].

Hier kann man mit gutem Recht von außergewöhnlicher Wahrnehmungsfähigkeit sprechen, die in der Wissenschaft mit dem griechischen Buchstaben Psi bezeichnet wird. Das Gerät, das in Freiburg seit 1970 in Betrieb ist, heißt deshalb auch Psi-Recorder 70. Der ganze Mecha-

[3] Darüber informiert der mit vorzüglichem Bildmaterial ausgestattete Band von Hans Bender: Unser sechster Sinn. Telepathie, Hellsehen und Psychokinese in der parapsychologischen Forschung. Stuttgart 1971. Speziell zu den Testmethoden und Ergebnissen der ASW-Forschung, S. 51–69.

nismus ist an eine Lochstreifenmaschine angeschlossen, die die Ergebnisse für Computer-Auswertung vorbereitet.

2. *Telepathie:* Telepathie ist auf den ersten Blick leicht mit dem Hellsehen zu verwechseln, muß jedoch von ihm unterschieden werden. Telepathie, zu deutsch »Fernfühlen«, will sagen, daß eine Information – sinnliche oder technische Vermittlung ausgeschlossen – auf ungewöhnlichem und bislang ungeklärtem Wege aus dem Bewußtsein bzw. Unbewußten einer Person »abgezapft« wird. Wenn ein sogenannter »Hellseher« eine Information vermittelt, die er von den bewußten oder unbewußten Kenntnissen dritter bezieht, so geschieht eigentlich Telepathie und nicht Hellsehen. Diese Unterscheidung ist wichtig für die experimentellen Bemühungen, die auch zur schlüssigen Beweisführung der Existenz der sogenannten außersinnlichen Wahrnehmung geführt haben. Daß es bei Telepathie und Hellsehen noch spezielle Untergruppen gibt, die für Fachleute auch ihren speziellen Sinn haben können, soll mit diesem Hinweis wenigstens erwähnt werden. Theoretisch bedeutsamer ist die früher vertretene Annahme von nur *einer* Grundkraft, nämlich der Telepathie, mit der alle übrigen ungewöhnlichen Phänomene erklärt, bzw. auf die sie zurückgeführt werden sollten, ein Gedanke, der heute noch gelegentlich auftaucht[4].

[4] Vgl. zu dieser Problematik die Ausführungen von Driesch: Parapsychologie, München o. J., S. 66ff. Bender setzt sich damit auseinander in seinem der Neuausgabe von Drieschs Parapsychologie angefügten Beitrag »Zur Entwicklung der Parapsychologie von 1930–1950«, ebd., S. 143–187; zum Problem der einheitlichen Grundkraft, S. 151.

Wilhelm Keilbach hält nach wie vor die Reduktion auf »viel-

Hier die wissenschaftliche Definition von Telepathie, nach Bender: »Übertragung eines seelischen Vorgangs (Gedanken, Gefühle, Empfindungen) von einer Psyche auf eine andere ohne Vermittlung der bekannten Sinnesorgane.«

Auch für die Telepathie sei hier ein *Beispiel* angeführt, das Bender in einem Interview berichtet hat; über das faktische Interesse hinaus verdeutlicht dieser Fall auch die Gefahren, die sich ergeben können, wenn sogenannte Hellseher »konsultiert« werden.

> »Es gibt zweifellos auch professionell tätige ›Hellseher‹, die echte Begabung haben. Aber da beginnen nun die eigentlichen Gefahren. Diese echte Begabung ist meistens telepathisch. Ich war einmal Gerichtssachverständiger: Da hatte ein Mann bei einer ihm bekannten Familie eine Geldkassette deponiert mit 2000,– DM, weil in seiner Wohnung Reparaturen ausgeführt wurden. Er holte sie zurück, das Geld fehlte. Die Familie war sehr unglücklich darüber, sagte: wir wissen nicht, was passiert ist. Die Kriminalpolizei fand keine Spuren. In dieser Not ging dieser Mann zu einem weit entfernt wohnenden Hellseher, der bestimmt nichts von dem Vorgang wissen konnte. Und nun beginnen hier die Ermittlungsakten: Der Hellseher öffnete die Türe und sagt dem Klienten: ›Sie brauchen nicht zu sagen, warum Sie kommen. Sie kommen wegen einer Geldkassette, und darin fehlt ein erheblicher Geldbetrag.‹ Nun passierte

leicht sogar ein einziges Grundphänomen«, nämlich die Telepathie, für eine erwägenswerte Hypothese, in: Religiöses Erleben. Erhellungsversuche in Religionspsychologie, Parapsychologie und Psychopharmakologie, München–Paderborn–Wien 1973, S. 159 f.

das, was immer passiert. Der Klient ist überwältigt von diesem ›Wundermann‹. Der weiß alles! Nun will er wissen, wer das Geld gestohlen hat. Der Wundermann erzählt ihm Einzelheiten über einen jungen Menschen, wie er geht, wie er spricht, was er anhat. Der Klient sagt: ›Das ist der Sohn des Hauses, das hab' ich mir immer gedacht. Jetzt weiß ich es.‹ Geht in sein Städtchen, verkündet das. Geht zur Kriminalpolizei. Und die Familie kann nun einen völlig exakten Alibibeweis erbringen. Der Junge war während der ganzen kritischen Zeit in Frankreich. War nicht zu Hause! Sie erhebt Anklage wegen Verleumdung.

Was ist passiert? Der Hellseher hat dem Klienten telepathisch erstens den Vorgang, warum er kommt, und zweitens seinen Verdacht ›abgezapft‹, wie wir sagen. Und da kein Sensitiver, kein Hellseher unterscheiden kann, woher seine Informationen kommen, ob sie hellseherisch oder präkognitiv sind, plappert er es einfach heraus, ohne den Klienten darauf hinzuweisen, daß hier soundsoviele Fehlerquellen drinstecken.

Und meine Position war diese. Man sollte zum Schutz des Publikums die professionellen Hellseher einer Offenbarungspflicht unterstellen. Sie müßten dem Klienten offenbaren, daß diese Gefahren bestehen. Genauso, wie der Lebensmittelhändler, der eine verderbliche Ware verkauft, dem Klienten, dem Käufer, sagen muß, in acht Tagen ist sie nicht mehr genießbar.«[5]

Und eine zweite Gefahr nennt Bender.

»Wenn z. B. ein gewissenloser Wahrsager einem Klien-

[5] Interviewausschnitte, 1971.

ten sagt: ›An einem sonnigen Frühjahrstag werden Sie in bergigem Gelände einen schweren Autounfall haben. Fahren Sie nicht Auto!‹ Der Klient aber ist Lastwagenfahrer und muß autofahren. Nun glaubt er an den Hellseher und hat Angst. Dann kommt der Unfall. Es ist dabei viel wahrscheinlicher, daß er aus Befangenheit den Unfall arrangiert, als daß das etwa Präkognition wäre.«[6]

3. Präkognition. Eine Sonderform des Hellsehens, die sich von größter weltanschaulicher Relevanz erweist, ist die eben angesprochene Präkognition, das Vorauswissen eines Ereignisses, das erst in der Zukunft stattfindet. Für Präkognition wird gelegentlich auch die Bezeichnung »Prophetie« verwendet; da dieser Begriff aber in der Regel mit religiösen Aussagen verknüpft wird und somit schon religiös-theologisch besetzt ist, ist der neutrale wissenschaftliche Terminus Präkognition vorzuziehen, nach Bender: »Das Vorauswissen eines zukünftigen Vorgangs, für den keine zureichenden Gründe bekannt sind, die ihn auf eine normal erschließbare Weise herbeiführen könnten und der sich auch nicht als Folge des Vorauswissens einstellen kann.«

Da wir im weiteren Zusammenhang mit dem Phänomen »Präkognition« noch befaßt sein werden, sei hier ein älteres Beispiel aus dem reichen Material der englischen Society for Psychical Research genannt, das Tyrrell zusammenfassend anführt und das hier eher zur Demonstration des Modellhaften zitiert wird als wegen seiner Beweiskraft, die bei solchen zeitlichen Entfernungen naturgemäß immer angezweifelt werden kann.

[6] Interviewausschnitte, 1971.

»Hon. J. O'Connor (Pseudonym) schrieb am 19. April 1912, daß er am 23. März des Jahres eine Überfahrt nach New York auf der Titanic, einem Dampfer der White-Star-Line, gebucht hätte. Er sagte: ›Ungefähr zehn Tage vor der Abfahrt träumte ich, daß ich das Schiff kielaufwärts auf der See treiben und seine Passagiere und Mannschaft herumschwimmen sah.‹ Er sagte seinen Freunden, aus Angst sie zu beunruhigen, nichts, aber in der nächsten Nacht wiederholte sich der Traum. Er sagte immer noch nichts, sondern wartete auf ein geschäftliches Telegramm aus Amerika. Das Telegramm traf ein und empfahl eine Verschiebung der Reise. Er annullierte daraufhin die Buchung, und zwar ungefähr eine Woche vor der Abfahrt. Er erzählte dann seiner Frau und verschiedenen Freunden seinen Traum. Drei dieser Freunde bestätigten der Society for Psychical Research schriftlich, daß Mr. O'Connor ihnen diesen Traum erzählt hätte, ehe die Titanic in See stach. Bei einer persönlichen Befragung fügte auch Mrs. O'Connor ihre Bestätigung hinzu. Am 10. April fuhr die Titanic von Southampton ab und ging in der Nacht vom 14. auf 15. April 1912 unter. Der Verdacht eines zufälligen Übereinstimmens von Traum und Ereignis wird durch das wiederholte Auftreten des Traums sehr unwahrscheinlich.« [7]

[7] Zitiert nach G. N. M. Tyrrell: Mensch und Welt in der Parapsychologie, übersetzt und herausgegeben von Hans Bender und Inge Strauch. Mit einem Nachwort von Hans Bender. Bremen 1972, S. 94.

Folgendes Beispiel gab Bender in einem Rundfunkvortrag, und es fällt auf, daß offenbar das gleiche Modell zugrunde liegt: »Als im April dieses Jahres [d. i. 1973] ein englisches Charterflugzeug Hausfrauen aus drei Dörfern für einen Tag auf die Basler Muster-

Wir beschließen das Kapitel ASW/AGE mit den Definitionen, die Zahlner gibt:

Hellsehen: »Paranormale Wahrnehmung objektiver Sachverhalte, unabhängig von einer Bewußtseinsvermittlung durch einen anderen Menschen sowie unter Ausschluß sonstiger Kommunikationsmöglichkeiten. Im Gegensatz zur Telepathie ist beim H. kein Agent vorhanden ...«

Telepathie: »Aufnahme fremder Bewußtseinsinhalte ohne sinnliche oder technische Vermittlung. ... Als Kommunikatoren des telepathischen Beziehungsgefüges fungieren Sender (s. Agent) und/oder Empfänger (s. Rezipient).«

Präkognition: »Vorauswissen, Vorschau, Hellsehen in die Zukunft als Ahnung oder Wissen um zukünftige Ereignisse, die in der gegenwärtigen Situation weder erwartet noch aus ihr erschlossen werden können.«

II. Psychokinese (PK)

In der empirischen Parapsychologie steht den drei unter I. kurz definierten Bereichen Hellsehen, Telepathie und

messe bringen wollte, stürzte es desorientiert in einem völlig unerwarteten Schneesturm bei Arlesheim in der Schweiz in einen Wald. Fast alle Insassen kamen ums Leben. Eine Frau, die schon gebucht hatte, träumte den Unfall im voraus, wie er sich vollzogen hatte: Schneesturm, Wald, das Flugzeugwrack, die Toten. Sie erzählte den Traum ihrer Freundin und zog, zutiefst beeindruckt und geängstigt, die Buchung zurück. Sie hatte also das tragische happening vorweggenommen.« Manuskriptvervielfältigung der Sendung »Von sinnvollen Zufällen« in der Reihe Die Aula, SWF II, 8. 7. 73, S. 4. Nachdruck in Zeitschrift für Parapsychologie und Grenzgebiete der Psychologie, Nr. 4, 1973.

Präkognition die sogenannte *Psychokinese* gegenüber, die Einwirkung der »Psyche« auf materielle Gegenstände, auch Fernbewegung oder Telekinese genannt. Auch die Psychokinese ist wie die drei Arten der ungewöhnlichen Erfahrung empirisch-experimentell so gut nachgewiesen, daß ihre Faktizität nicht mehr bezweifelt wird, jedenfalls dort, wo die Experimente und Ergebnisse zur Kenntnis genommen werden. Bender definiert Psychokinese als »Einflußnahme eines Subjekts auf ein materielles System ohne kausal erkennbare Mittelglieder«.

Die okkulte Literatur berichtet aus diesem Bereich eindrucksvolle Ereignisse; wir beschränken uns an dieser Stelle auf ein ganz schlichtes *Beispiel,* das aber, genauso wie die spektakulären Phänomene aus der Geschichte wie aus jüngster Zeit, das Grundproblem erkennen läßt: materielle Gegenstände werden durch die Einflußnahme einer Person bewegt, allerdings ohne Berührung und ohne technische Hilfsmittel, also auch ohne Magnet[8].

Von international anerkannten Wissenschaftlern untersucht, mehrfach überprüft, schließlich auch gefilmt und dadurch einem breiten Publikum zugänglich sind die Psychokineseversuche der Nina S. Kulagina in Leningrad[9], also in einem Land, in dem es trotz ideologisch bedingter Skepsis gegenüber dem, was mit Geist und Psyche umschrieben wird, parapsychologische Forschung gibt, allerdings unter dem Begriff »Bioinforma-

[8] Zur Einführung siehe Bender: Unser sechster Sinn, a. a. O., S. 99–115.

[9] B. Herbert: Kulagina, Cleio, Psychokinese und Telepathie, in: Grenzgebiete der Wissenschaft I, 1973, S. 14–27.

tik«. Grundsätzlich ist natürlich zu sagen, daß es auch »Trickfilme« geben kann. Die Tatsache, daß Kulagina gefilmt wurde, ist nicht ein Beweis für die Faktizität des Geschehens, der Film entstand vielmehr erst, nachdem die Forscher die Echtheit und Unerklärbarkeit der telekinetischen Versuche eingestehen mußten. Wir können hier den Umfang dieses Problems auch nicht annähernd umreißen. (Hypothetisch wird angenommen, daß manche paranormale Heilung mit Psychokinese in Zusammenhang stehen könnte.)

Abschließend die Definition nach Zahlner:

Psychokinese: »Direkte Beeinflussung von Gegenständen oder Systemen materieller Art, ohne daß physikalische Energien oder sonstige Instrumente eingesetzt werden.«

Angesichts des Booms an okkulter, vor allem spiritistisch ausgerichteter Literatur reißerischen Inhalts, muß die Beschreibung der empirischen Parapsychologie sehr nüchtern erscheinen. Es wird sich zeigen, daß auch manch brisantes Phänomen wie Spuk und Poltergeister mit großer Wahrscheinlichkeit auf die definierten vier Grundphänomene rückführbar ist, daß es sich im Einzelfall nur um eine sehr verwickelte Einkleidung und um besonders komplizierte Umstände handelt, mit dramatischen Erscheinungen verknüpft. Im Grunde aber reichen zumeist diese vier Phänomene für eine Erklärungshypothese aus. Daß dieses auch seine Gegner hat, und daß nicht alle ungewöhnlichen Phänomene nach dem heutigen Stand der Dinge auf die vier Grundformen rückführbar sind, das soll uns später noch beschäftigen.

Den Zusammenhang von ASW und PK umreißt Bauer folgendermaßen: »So wie es eine Wechselwirkung zwischen Individuum und Umwelt durch die wahrnehmende Sensorik und die bewirkende Motorik gibt (den sogenannten ›Gestaltkreis‹), so gibt es auch eine paranormale Wechselwirkung, deren ›wahrnehmende‹ Seite Telepathie, Hellsehen und Präkognition bilden und als deren ›bewirkende‹ Seite die Psychokinese angesehen werden muß. Wie jedoch diese beiden empirisch erhärteten Funktionen in ein kohärentes und sinnvolles Beziehungsgefüge mit anderen Disziplinen (vor allem Physik, Biologie und Psychologie) zu bringen sind – das ist Rätsel und Herausforderung der Parapsychologie in einem.« [10]

Terminologieprobleme

Dies führt uns schon an die Problematik des Begriffes »Parapsychologie« selbst heran, der den Bereich zunächst einmal umschließt.

Unter Parapsychologie wird natürlich noch mancher Forschungsgegenstand mitgedacht, der den Begriff möglicherweise sprengt. Denn Parapsychologie setzt von seiner Etymologie her nun einmal voraus, genauer, suggeriert, daß die untersuchten Vorgänge alle para-*psychischen* Ursprungs seien, also mit unseren psychologischen Kenntnissen zwar nicht mehr erfaßt werden könnten, dennoch aber mit der Psyche etwas zu tun haben müssen. Dies ist möglicherweise so, aber dies ist nicht bewiesen.

Daß heute am Begriff Paraspychologie gerüttelt wird, liegt nicht daran, daß diese Bezeichnung zum ersten Mal im Juni 1889 in der theosophischen Zeitschrift »Sphinx«

[10] Eberhard Bauer in der Einführung zu: PSI UND PSYCHE. Neue Forschungen zur Parapsychologie. Festschrift für Hans Bender. Herausgegeben von Eberhard Bauer, Stuttgart 1974, S. 10.

auftauchte, sondern an dem Bemühen um eine hieb- und stichfeste Bezeichnung für diese relativ junge Wissenschaft, die sich mit den noch immer umstrittenen okkulten Phänomenen befaßt.

Andreas Resch hat 1969 den erweiterten Begriff »Paranormologie« vorgeschlagen[11]. Dieser Begriff hat den Vorteil, neutral und offen zu sein auch für künftige Erklärungsversuche. Daß sich der Begriff durchsetzen könnte, dafür ist die adjektivische Verwendung »paranormal« bereits ein Indiz.

Auch hier wollen wir aus dem Lexikon von Zahlner zitieren: »Der Begriff P[aranormologie] dient als Gesamtbezeichnung der Wissenschaft und Erforschung aller paranormalen Phänomene und ist daher den Begriffen Paraphysik und Parapsychologie übergeordnet, die nur für die paraphysischen bzw. parapsychischen Phänomene zutreffen. Der Begriff P[aranormologie] hingegen ist in jeder Hinsicht offen, sowohl in bezug auf die Deutungsmöglichkeit eines Phänomens als auch in bezug auf die Wissenschaftswahl der Deutung. ... Somit fällt in den Bereich der Paranormologie die Gesamtheit der paraphysischen (Materialisation, Levitation, Tischrükken, Spuk usw.), der parapsychischen (Telepathie, Hellsehen usw.) und der paranormalen geistigen Phänomene (Intuition, Prophetie usw.).«[12]

Ob sich auch ein zweiter Vorschlag von Resch zur

[11] In: Grenzgebiete der Wissenschaft IV, 1969. Andreas Resch bekleidet an der Lateranuniversität in Rom den Lehrstuhl für Klinische Psychologie und Paranormologie. Er ist praktizierender Psychotherapeut, Generalsekretär der Gesellschaft Imago Mundi und Herausgeber der gleichnamigen Schriftenreihe sowie der Zeitschrift Grenzgebiete der Wissenschaft.

[12] Zahlner, a. a. O.

terminologischen Neugestaltung durchsetzen wird, ist noch nicht abzusehen. Obwohl die inhaltlichen Gründe wohl allgemeine Zustimmung finden, daß nämlich der Begriff der »außersinnlichen Wahrnehmung« ASW/ESP unzureichend ist, haben eingeführte Begriffe naturgemäß ein gewisses Beharrungsvermögen, selbst wenn ihre methodische Unzulänglichkeit eingesehen wird. Um der Sache selbst willen ist es jedoch wichtig, auf Reschs Vorschlag zu verweisen. Die Begründung seiner Begriffskorrektur lieferte Resch in einem Vortrag vor der Gesellschaft Imago Mundi. Resch argumentiert, ASW setze eine »Abgrenzungsmöglichkeit der Sinneswahrnehmung« voraus. Es sei vorteilhafter, von »Außergewöhnlicher Erfahrung« zu sprechen – wobei Resch »unter Erfahrung einfach die unmittelbare Tatsachenerkenntnis, unter Wahrnehmung hingegen die Erkenntnis eines durch Sinnesempfindung vermittelten Objektes« versteht. Mit der Formulierung AGE sei außerdem der Tatsache Rechnung getragen, daß eine irgendwie geartete sinnliche Vermittlung nicht ausgeschlossen und auch der Streit um die Faktizität selbst nicht präjudiziert werde, wobei Resch seinerseits die Faktizität nicht in Frage stellen will[13].

Die Wissenschaft der ungewöhnlichen, »paranormalen« Vorgänge, die Paranormologie, versteht sich als zuständig für jene Phänomene, die mit den uns bekannten Normen und Gesetzen nicht in Einklang stehen. Bei einer derart offenen Begriffsbestimmung lassen sich

[13] Beitrag: Immanenz oder »Außersinnliche Wahrnehmung«?, in: Im Kraftfeld des christlichen Weltbildes. Imago Mundi I. Herausgegeben von Andreas Resch, München–Paderborn–Wien 1968, S. 75–87.

zahlreiche, auch nur hypothetische Vorkommnisse unterbringen, viele Forschungsbereiche, deren Gegenstände in ihrer Faktizität noch ungesichert sind, die aber zumindest aufgrund der Tatsache, daß sie aus allen Kulturbereichen, Epochen und Bevölkerungsschichten in immer gleichen Modellen und somit auch mit erheblicher Glaubwürdigkeit berichtet werden, erforschenswert sind. Selbst wenn im Einzelfall nur halluzinatorische Phänomene übrigbleiben sollten, ist die Untersuchung bereits deshalb notwendig und lohnend, weil die Phänomene das Denken und Handeln von Menschen beeinflussen, oftmals Furcht verbreiten etc. Man denke nur an die immer immer wiederkehrenden Berichte von Ungeheuern, von Menschen, die sich in Tiere verwandeln, von kosmischen Katastrophen etc. Daß Parapsychologie und Paranormologie aus Gründen der Psychohygiene auch mit Dingen befaßt sind, die mit Fug und Recht als Aberglaube bezeichnet werden, sollte nicht als Vorwurf gegen ihre Wissenschaftlichkeit gebraucht werden. Es muß eine Instanz geben, die sich auch mit abstrusen Volksbräuchen auseinandersetzt, die das Material sichtet, die überhaupt in der Lage ist, die Denkwege von magisch empfindenden Menschen theoretisch nachzuvollziehen bzw. vor den Gefahren okkulter Praktiken zu schützen.

Es ist nicht ganz zufällig, daß die Kirchen in schärfster Form Kuriosa wie das »6. und 7. Buch Mosis« verurteilt haben. Mit dieser Art von Geheimschriften wurde manches Unheil angerichtet, das die Kirchen mit Verboten und die Parapsychologie mit Aufklärung beseitigen wollen. Um einen kleinen Eindruck zu vermitteln, sei aus dieser Art Literatur ein »unfehlbares« Aphrodisiacum genannt:

»Salomo war auch ein Mann, erbarmte sich seiner Brüder und vermachte ihnen folgendes Zaubermittel, welchem kein Erdgeborener widerstehen kann, und wenn er volle vier Viertel Engel ist: ›Man schneide einem weißen jungfräulichen Täubchen das Herz aus und lasse es von einer Viper verschlingen. Die Viper wird daran sterben, weil die Taube das Sinnbild der Tugend und der Unschuld ist, während die Viper für das Sinnbild des Lasters und der Verleumdung gilt.
Man nehme den Kopf der todten Viper, und trockne ihn so sehr ein, daß er gar keinen Geruch mehr hat; nun zerstoße ihn in einem neuen Mörser mit einer doppelten Quantität Samen von der Pflanze Cannabis (Hanf) zu Pulver, und trinke dieses Pulver in einem Glase vierjährigen Weines, womit Du sieben Tropfen Laudanum vermischt hast.‹
Und Dein Angesicht wird erblühen in Jugendfrische, Deine Lippen werden jugendlich schwellen, Deine Augen in nie gesehenem Feuer erglühen, und Nein! wird kein weibliches Wesen Dir sagen, solltest Du auch Methusalem unter den Männern sein!» [14]

Ein kurzer Blick nur auf die Forschungs*methoden* von Parapsychologie und Paranormologie, die schon in den obigen Beispielen angeschnitten worden sind. Bender umreißt seinen Forschungszweig:

[14] Diesem »Salomo« wird man natürlich entgegenhalten, daß man auch einen Hasen fängt, indem man ihm Pfeffer auf den Schwanz streut. Die okkulte Praxis und ihre Literatur beschränken sich leider nicht auf die Herstellung von Liebestränken. In der Bekämpfung von Okkultschäden sind deshalb Kriminologie und Psychopathologie notwendige Nebenfächer des Parapsychologen. Unser Zitat nach: Das 6. und 7. Buch Mosis ..., München 1968, S. 137.

»Die Parapsychologie schöpft aus drei Hauptquellen:

1. Die Untersuchung der sogenannten spontanen Phänomene, das ist nichts anderes als die aus allen Schichten der Bevölkerung gegebenen Erlebnisberichte; diese werden gesammelt, gesichtet, kritisch untersucht und auf ihre Motivation erforscht, dann

2. Laboratoriumsexperimente mit beliebigen Versuchspersonen und quantitativ statistischen, genormten, standardisierten Verfahren, so wie es insbesondere die amerikanische Schule von Professor Rhine an der Universität in Durham in North Carolina macht und gemacht hat, und

3. die Untersuchung meist mit qualitativen Verfahren, sogenannten Medien, oder man sagt auch Sensitive, das sind Menschen, bei denen Grund zur Vermutung besteht, daß sie über außergewöhnliche oder paranormale Fähigkeiten verfügen.« [15]

Es ist deutlich geworden, daß Parapsychologie und Paranormologie eine Zwischenstellung im Wissenschaftsgefüge einnehmen. Sie stehen in einem engen Kontakt mit der Psychologie, nehmen aber Fachkräfte aus vielen anderen Bereichen zur Untersuchung von Phänomenen hinzu, die dies erforderlich machen: Biologie, Medizin, Physik und dergleichen. Die Wissenschaft des Paranormalen ist nun zunächst eine empirische Wissenschaft, insoweit sie aber die Phänomene zu deuten hat, nimmt sie naturgemäß auch Züge von geisteswissenschaftlichen Fächern an. Denn es geht ja letztendlich bei den Erklärungshypothesen um philosophische Fragen nach dem Wesen von Materie, Geist, Psyche und dem gegenseiti-

[15] Ausschnitt aus Tonband-Interview, 1971.

gen Einwirken dieser, isoliert nicht greifbaren, Entitäten. Davon in den folgenden Kapiteln.

Sicherlich ist jetzt auch die Unterscheidung von wissenschaftlicher Parapsychologie/Paranormologie und Okkultismus deutlich, eine Unterscheidung, die trotz zahlreicher Angriffe auf diesen Forschungszweig heute sachlicherweise nicht mehr unterlassen werden darf. Die Bezeichnung »wissenschaftlicher Okkultismus« für Parapsychologie sollte vermieden werden. Damit sei weder die Tatsache bestritten, daß sich aus letzterem die Parapsychologie entwickelt hat, noch ist hier abzuleugnen, daß von manchen Okkultisten wertvolle Denkanstöße ausgegangen sind, auch wenn sie selbst auf empirisch verifizierbare Methoden verzichtet haben. Die Bezeichnung »Wissenschaft« macht letztere unabdingbar, wenn auch die gesamte »Wirklichkeit« nicht mit der Elle der Wissenschaftlichkeit zu messen ist und von der Empirie eingefangen werden werden kann.

ZWISCHEN GLAUBEN UND WISSEN

Im Jahre 1932 erschien die erste deutschsprachige Methodenlehre der Parapsychologie, ein Werk, das auch heute noch zu den zentralen wissenschaftlichen Darlegungen dieses Gebietes gehört. Der Autor Hans Driesch (1887–1941, Biologe und Philosoph) schreibt im Nachwort zu »Parapsychologie«:

»Der Titel dieses Buches bezeichnet die Parapsychologie ausdrücklich als *Wissenschaft,* und in der Tat, sähe der Verfasser dieses Werkes sie nicht als Wissenschaft an, so hätte er sein Buch gar nicht geschrieben. Denn mit vagen Glaubenslehren hat er nichts zu tun.

Alle Wissenschaft nun ist rational; nicht zwar in dem Sinn, daß sie glaubte oder glauben dürfte, aus der ›reinen Vernunft‹ empirische Wahrheiten hervorzaubern zu können, wohl aber derart, daß sie sich zutrauen darf, mit Hilfe jenes Instrumentes, welches Vernunft oder Verstand heißt, inmitten dessen, was ›gegeben‹ ist, Typen der Ordnung, also das, was man gemeinhin Gesetze nennt, zu erfassen.

In diesem Sinn ist die Parapsychologie ganz ebenso rational wie etwa die Chemie.« [1]

Driesch will paranormale Geschehnisse auch vom

[1] Hans Driesch: Parapsychologie, München o. J., S. 141.

»Wunder« abgegrenzt wissen, weil dieses ein *einmaliges* Durchbrechen der Naturgesetze bedeute. »Alles Paraphysische aber ist ja gesetzlich.« Auch mit Mystik habe die Parapsychologie nichts zu tun. Die Bezeichnung »Magie« hingegen könne akzeptiert werden mit der Bedeutung, »daß die Gegenstände, mit denen sich diese Wissenschaft beschäftigt, noch sehr wenig durchschaut sind und sehr wenig, sozusagen, in der Hand gehalten werden«. Sie seien »magisch« in dem Sinn, in dem ein Primitiver den fotographierenden Europäer für ein »magisches« Wesen halte. Driesch fährt fort: »In Wahrheit ist Parapsychologie echte *Aufklärung.* Denn ›aufklärend‹ ist jedes Wissen, das in der Welt, wie sie einmal ist, Formen der Ordnung, d. h. Gesetzlichkeiten, erfaßt.«[2]

Die Lektüre dieses anregenden Werkes läßt erstaunen, daß dieselbe Skepsis und Ignoranz, denen Driesch begegnete, auch heute noch massiv vorhanden sind. Die wellenartigen Publikumserfolge mehr okkultistisch ausgerichteter Literatur tun dem keinen Abbruch, weil sie nicht selten wegen der reißerischen Form den gebildeten Leser gerade in seiner ablehnenden Haltung zu bestärken geeignet sind. So erklärt sich, daß die Faktizität paranormalen Geschehens oftmals nicht anerkannt und Tatsachenmaterial nicht selten grundweg für Humbug erklärt wird, auch von Wissenschaftlern, darunter Psychologen. In der Bundesrepublik haben sich insbesondere einige Berufskriminalisten mit einem nahezu pathologischen Kritizismus hervorgetan[3].

[2] Ebd., S. 142.

[3] Siehe dazu das Kapitel über die Gegner der Parapsychologie, S. 105.

Die stereotype Frage, der man immer wieder begegnet, wenn das Gespräch auf dieses Gebiet führt: »Glauben Sie denn, daß es so was wirklich gibt?«, diese Frage ist Anlaß gewesen, auch der Motivation einer solchen Einstellung nachzugehen.

Wir erleben offenbar die Auswirkungen eines extrem rationalistisch orientierten Denkens; ja auch dort treten mechanisch-materialistische Denkkategorien auf, wo die an sich »idealistische« Theologie als Orientierungsrahmen im persönlichen und intellektuellen Leben gewählt wurde. Eine dieser Nachwirkungen ist die falsche Schlußfolgerung, ein unerklärter, vielleicht sogar unerklärbarer Sachverhalt sei eben nicht existent. Daß es hier in der Tat eine enorme Spannung zwischen Mutmaßung, Wahrscheinlichkeit, festem Wissen und Hoffen gibt, ist wohl niemandem deutlicher als gerade demjenigen, der sich für das Gebiet der Grenzfragen interessiert. Fremd- und Selbsttäuschung verschiedenster Art und Motivation sind allzu bekannt, auch zahlreiche, sogar fromm gemeinte, Betrugsmanöver sind aufgedeckt worden[4]. Ein notwendiger und gesunder Skeptizismus seitens der Fachleute hat sich aus solchen Erfahrungen entwickelt; bei aller Neigung und Interesse am Ungewöhnlichen verfallen sie keineswegs der Attraktion des Paranormalen, sondern sind oftmals um der Sache willen, auch bei ziemlich eindeutigen Vorkommnissen, ausdrücklich be-

[4] Vgl. etwa Karl Rahner: Visionen und Prophezeiungen. Zweite, unter Mitarbeit von P. Th. Baumann S.J. ergänzte Auflage, Freiburg 1968. Quaestio disputata 4. Über »Retuschen« in Sachen Fátima s. S. 74 f, S. 104 f. Weitere Vorbehalte befinden sich über das gesamte Buch verstreut, vor allem in den Anmerkungen. Eine ernüchternde Lektüre!

müht, sich die Presse vom Leib zu halten. Sie nehmen keineswegs die Dinge für bare Münze, bevor sie nicht auch den strengsten Kontrollmaßnahmen standgehalten haben. Aber heute kann mit wissenschaftlicher und moralischer Berechtigung behauptet werden, daß wir es mit Fakten zu tun haben (ASW und PK), daß die Frage der »Gläubigkeit« fehl am Platze ist. Es ist eine Sache des Wissens, des Informiertseins, nicht mehr eine Sache des Glaubens.

Es kann in diesem engen Rahmen nicht Aufgabe sein, die methodologischen Überlegungen zu referieren und die Versuchsanordnungen und die nicht mehr bestreitbaren Ergebnisse der Experimente nachzuerzählen. Die Literatur darüber ist greifbar[5], und es werden auch

[5] Wir beschränken uns hier auf deutschsprachige Publikationen: Von Hans Bender seien folgende Buchveröffentlichungen hervorgehoben:

Parapsychologie. Entwicklung, Ergebnisse, Probleme, Darmstadt 1966, ^{3}1974, Wege der Forschung IV.

Parapsychologie. Ihre Ergebnisse und Probleme, Bremen 1970.

Telepathie, Hellsehen und Psychokinese. Aufsätze zur Parapsychologie, München 1972.

Unser sechster Sinn. Telepathie, Hellsehen und Psychokinese in der parapsychologischen Forschung, Stuttgart 1971, Reinbek 1972.

Verborgene Wirklichkeit. Parapsychologie und Grenzgebiete der Psychologie. Herausgegeben von Eberhard Bauer, Olten und Freiburg 1973.

Weitere wissenschaftliche Einführungen und Überblicksberichte:

Heinz C. Berendt: Parapsychologie. Eine Einführung. Stuttgart–Berlin–Köln–Mainz 1972.

Gebhard Frei: Probleme der Parapsychologie. Gesammelte Aufsätze. Herausgegeben von Andreas Resch. München–Paderborn–Wien 1969, ^{2}1971. Imagi Mundi II.

Richard Kaufmann: Das Übersinnliche als Ärgernis. Gedanken-

zahlreiche einführende und allgemeinverständliche Darstellungen angeboten.

Da mit einer Aufzählung solcher Fakten jedoch der »Unglaube«, der besser mit Ignoranz bezeichnet würde, kaum ausgeräumt zu werden pflegt, sollen hier einige Überlegungen angeboten werden, die den Skeptiker veranlassen könnten, seine a-priori-Urteile zu überdenken.

Es ist noch gar nicht so lange her, daß man Hypnose für Jahrmarktsgaukelei, also für Betrug hielt, und daß man ihr weder wissenschaftliche Glaubwürdigkeit, noch sonst irgendeinen Nutzwert zuerkannte. Mit welcher Skepsis Sigmund Freud zu J. M. Charcot nach Paris fuhr, bzw. mit welcher Skepsis seiner Umwelt er rechnete, macht der Bericht deutlich, den Freud den Geldgebern für seine Forschungsreise vorlegte.

übertragung, Poltergeister, fliegende Gegenstände und ähnliches. Berichte und Betrachtungen über parapsychische Phänomene, Düsseldorf–Köln 1970.

Arthur Koestler: Die Wurzeln des Zufalls, Bern–München–Wien 1972.

Anton Neuhäusler: Telepathie, Hellsehen, Praekognition, Bern–München 1957.

Peter Ringger: Parapsychologie. Die Wissenschaft des Okkulten, Zürich–Stuttgart [2]1972.

W. H. C. Tenhaeff: Kontakte mit dem Jenseits? Der Spiritismus-Report, Berlin o. J. (1973).

G. N. M. Tyrrell: Mensch und Welt in der Parapsychologie. Übersetzt und herausgegeben von Hans Bender und Inge Strauch. Mit einem Nachwort von Hans Bender, Bremen 1972.

Damit sind die wichtigsten deutschsprachigen Veröffentlichungen aufgeführt, die als wissenschaftlich bezeichnet werden können bzw. die sich am wissenschaftlichen Informationsstand orientieren. Die spiritistisch ausgerichtete Literatur wird noch genannt werden. Vgl. auch den Literaturbericht in Grenzgebiete der Wissenschaft, I, 1972, dazu IV, 1972.

Eines der Hauptanliegen Freuds bei seinem Paris-Aufenthalt 1885/86 war das Studium des Hypnotismus, »ein Gebiet der Neuropathologie«, wie Freud schreibt, »das einerseits dem Unglauben, andererseits dem Betruge abgerungen werden mußte«[6]. Und weiter »Ich versäumte auch nicht, mir eigene Erfahrungen über die so wunderbaren und wenig geglaubten Phänomene des Hypnotismus ... zu erwerben. Zu meinem Erstaunen fand ich, daß es sich hierbei um grob sinnfällige, in keiner Weise anzuzweifelnde Dinge handelt, die allerdings wunderbar genug sind, um nicht ohne eigene sinnliche Wahrnehmung geglaubt zu werden. Ich konnte dagegen nicht finden, daß Charcot dem Seltsamen eine besondere Vorliebe entgegenbrachte oder zugunsten mystischer Tendenzen zu verwerten suchte. Vielmehr war ihm der Hypnotismus ein Erscheinungsgebiet, auf das er die naturwissenschaftliche Beschreibung anwandte ...«[7]

Es bietet sich hier die Parallele zur Bewertung paranormaler Geschehnisse an. Es mag noch immer, auch heute, den einen oder anderen Leugner des hypnotischen Geschehens geben: die Hypnose hat sich nicht nur als Faktum durchgesetzt und ist als ein solches anerkannt worden, sie ist nach wie vor als medizinisch-therapeutische Methode in Anwendung und der Erfolg kann ihr auch nicht abgesprochen werden.

[6] Sigmund Freud: Bericht. Über meine mit Universitäts-Jubiläums-Reisestipendium unternommene Studienreise nach Paris und Berlin. Oktober 1885 – Ende März 1886. In: Almanach. Das achtzigste Jahr (aus der Werkstatt des S. Fischer Verlags), Frankfurt 1966, S. 131–143, hier S. 138.

[7] Ebd., S. 140.

Die Faktizität der Hypnose wird heute also kaum mehr in Zweifel gezogen, ein deutlicher Bewußtseinswandel hat sich hier vollzogen.

Der entscheidende Aspekt des Beispiels »Hypnose«[8] ist aber noch zu nennen: Es gibt auch heute keine allgemein anerkannte und akzeptierte Erklärung der hypnotischen Beziehung zwischen zwei oder mehreren Menschen, also für das bewußte Einwirken einer Person auf eine andere. Geist, Wille, etc. und somit auch Hypnose, sind physiologisch nicht faßbar, allenfalls in Spuren. Der Mißerfolg physiologischer Untersuchungen, die negativen Ergebnisse können aber nicht als Gegenbeweis für die Existenz, für Wirklichkeit und Wirksamkeit von Hypnose herangezogen werden. Dieses Beispiel könnte geeignet sein, die Notwendigkeit vorsichtigen Urteilens zu unterstreichen, wenn mit der vorläufigen Unmöglichkeit einer Erklärung die Nichtexistenz des untersuchten Phänomens bewiesen werden soll. Wenn neueste Forschungsrichtungen physiologische Veränderungen ausfindig machen wollen, die an paranormale Bewußtseinsweisen, etwa an Trance oder den Akt des Hellsehens, gekoppelt sind, so ist dies gewiß ein nützliches Unternehmen und mag uns manch neue Erkenntnis über die psychosomatische Korrelation bieten. Aber auch ein Ausbleiben von Ergebnissen dürfte nicht als argumentum ex silentio ausgegeben werden, das gegen die Wirklichkeit des Paranormalen spricht.

Es gibt eine Reihe von Erschwernissen, der Faktizität des Paranormalen Anerkennung zu verschaffen. Aber

[8] Zur Orientierung vgl. Perry London: Verhaltenstherapie und Hypnose. In: Grenzgebiete der Wissenschaft, III, 1971, S. 97–113 (mit zahlreichen Literaturhinweisen).

auch diese Erschwernisse sollten von kritischen Geistern nicht verabsolutiert werden.

Das Problem relativer Seltenheit. Hellsehen, Wahrsagungen, Spukphänomene und dgl. sind zwar weithin als Berichte aus zweiter Hand bekannt, sie gehören in unserem Kulturkreis aber nicht zu den Selbstverständlichkeiten wie etwa die Verkehrsunfälle. Außerdem haben Untersuchungen ergeben, daß situationsbedingte Voraussetzungen, etwa Angst, Lebenskrisen und dgl., das Wirken paranormaler Kräfte zu fördern vermögen[9]. Aber auch Seltenheit und Situationsbedingtheit können nicht die Faktizität in Abrede stellen. Gibt es doch im psychischen Bereich unbezweifelte Phänomene »normaler« Art, die vergleichbare Abhängigkeiten und Bedingtheiten aufweisen: überdurchschnittliche Begabung, Genialität, Kreativität, Sonderleistungen in Ausnahmesituationen etc. Dies führt zu einem zweiten *Problem,* dem *der Wiederholbarkeit.* Es gibt in der parapsychologischen Forschung zahlreiche Experimente und Versuchsanordnungen, die auf Wiederholung angelegt sind, zum Beispiel die Kartenexperimente. Aber es hat sich gezeigt, daß die beliebige Wiederholbarkeit im Sinne der Naturwissenschaft nicht möglich ist. Auch hier, bei so einfachen Versuchsanordnungen, zeigt sich oftmals ein »decline effect«: die paranormale Befähigung läßt nach, bricht ab.

Unmöglich geradezu ist die beliebige Wiederholbarkeit von Spontanphänomenen, wie etwa bei Spukereignissen.

[9] Vgl. Bender, München 1972, S. 18.

Ist dies alles nun nicht ein Hinweis darauf, daß parapsychologische Vorkommnisse vielleicht nur auf »Zufall« zurückgeführt werden können? Statistische Überlegungen, die an langen Reihenversuchen angestellt worden sind, sprechen dagegen. Bringen wir hier noch einmal ein Beispiel aus der ASW-Forschung. Bei Hellsehversuchen mit dem Theologiestudenten Hubert Pearce, über die J. G. Pratt berichtet[10], kommt man bei einem Gesamt von 74 Versuchsgängen zu dem Ergebnis von einer Wahrscheinlichkeit gegen den Zufall von $1:10^{21}$. Pearce konnte danach diese Ergebnisse nicht mehr wiederholen, aber dies genügt nicht zur Leugnung der Tatsache, daß wir es mit einem außergewöhnlichen Ereignis zu tun haben. Pratt kommentiert: »Da es unvernünftig ist, angesichts solcher gewichtigen Antizufallswahrscheinlichkeit auf der Zufallshypothese zu beharren, muß man nach einer anderen Erklärung suchen. Die Bedingungen scheinen ASW als einzige Möglichkeit übrigzulassen.«[11]

Wir schließen hier noch ein Urteil des britischen Psychologen Hans-Jürgen Eysenck an, der zu Methodenfragen bei der Erforschung von Telepathie und Hellsehen Stellung nimmt:[12]:

»Wenn es nicht eine gigantische Verschwörung gibt, bei der ungefähr 30 Universitätsabteilungen in der ganzen Welt beteiligt sind und mehrere Hundert hochgeach-

[10] In: Bender (Hrsg.), Darmstadt 1966, S. 339–345: J. Gaither Pratt: Der Durchbruch zur ASW.

[11] A. a. O., S. 343.

[12] In: Bender, Darmstadt 1966, S. 710–733: Hans-Jürgen Eysenck: Telepathie und Hellsehen, Zitate, S. 725.

tete Wissenschaftler in verschiedenen Gebieten (von denen viele ursprünglich den Behauptungen der Parapsychologen ablehnend gegenüberstanden), bleibt nur noch die Schlußfolgerung für den vorurteilsfreien Beurteiler übrig, daß es eine kleine Anzahl von Menschen geben muß, die Informationen über psychische Inhalte anderer Menschen oder über äußere Sachverhalte auf Wegen erhalten, die der Wissenschaft noch unbekannt sind.« Eysenck fährt fort: »Dies sollte nicht als Unterstützung von Vorstellungen wie ›Überleben des Todes‹, ›philosophischer Idealismus‹ oder irgend etwas anderes interpretiert werden. Die Deutung dieses Faktums muß bis zu einer gründlicheren Kenntnis der Bedingungen, unter denen solche Ergebnisse erzielt werden, und der Mittel, durch die außersinnliche Informationen zustande kommen, zurückgestellt werden.«

Auch all diese Belege mögen für den nicht überzeugend sein, der nicht selbst die Phänomene erlebt hat und *deshalb* von ihrer Faktizität nicht überzeugt ist. Vielleicht ist bei dieser Denkhaltung ein anderes Argument von größerer Überzeugungskraft, daß es nämlich auch auf anderen Gebieten spontane Einzelfälle gibt, die aus dem Rahmen fallen. Ist ein kompositorisches Geschehen wiederholbar? Ist eine künstliche Schöpfung nicht geradezu eine Einmaligkeit, die sich nicht als ein zweites Original reproduzieren läßt? Selbst intuitive Entdekkungen im Bereich der Naturwissenschaft passen nicht in den Rahmen und das Schema der Wiederholbarkeit, sind aber nicht minder existent[13].

[13] Heinz C. Berendt, Parapsychologie, Stuttgart 1972, zitiert S. 124 eine Äußerung Albert Einsteins über dessen epochemachende physikalischen Entdeckungen: »Es gibt keinen logischen Weg

Der Naturwissenschaftler braucht in seinem eigenen Forschungsbereich keineswegs auf die Wiederholbarkeit des Experiments zu verzichten, wenn er dennoch eingesteht, daß auf anderen Gebieten Geschehnisse wirklich sein können, die mit seinen Kategorien nicht faßbar sind. Je weiter wir uns von Physik und Chemie entfernen, um so problematischer wird die Beweiskraft des Experiments. Biologie und Medizin sind bereits nicht mehr in diesem strengen Sinne Naturwissenschaften. Auch hier gibt es unerwartete Reaktionen und spontane Vorgänge. Naturwissenschaftliche Gesetze sind nur ein Teil, ein Ausschnitt dessen, was die Wirklichkeit ausmacht.

Die Erklärung der paranormalen Phänomene steht zweifellos noch aus. Aber die Erklärung, warum ein Organismus sich zu einer bestimmten und nicht zu einer willkürlich anderen Gestalt entwickelt, ist eine ebenso alte wie ungelöste Frage. Obwohl auch hier die Beantwortung noch aussteht, bleibt die Faktizität des biologischen Geschehens davon unberührt.

Nicht Mutmaßen und Glauben, sondern Information und Wissen sind Voraussetzung für das Akzeptieren paranormaler Geschehnisse. Allerdings: In der Gesichertheit des Wissens gibt es noch erhebliche Unterschiede. Während außersinnliche Wahrnehmung und Psychokinese als Fakten ernsthafterweise nicht mehr bestritten werden können, dürfen Materialisation und Materialdurchdringung nicht mit dem gleichen Sicherheitsgrad propagiert werden. Die, wenn auch begrenzten, Erfahrungen mit derartigen Phänomenen sind je-

zur Entdeckung dieser elementaren Gesetze. Es gibt nur den Weg der Intuition.«

doch gewichtig genug, daß man ihnen Untersuchungen widmen muß [14].

[14] Vgl. zu dieser Thematik den wichtigen Beitrag von Bender: Neue Entwicklungen in der Spukforschung, in: Bender, München 1972, S. 40–67, in dem auch auf die naturwissenschaftliche und naturphilosophische Problematik hingewiesen wird. Zusammenfassend sagte Bender zu diesem Thema in einem Interview 1973, die »Durchdringung von Materie durch Materie« sei noch nicht so dokumentiert, »daß man sagen kann, hier haben wir den mit wissenschaftlichen Methoden gefundenen absoluten Beweis, aber sie existiert mit der allergrößten Wahrscheinlichkeit. Zum Beispiel: in geschlossene Räume kommen Steine herein, ein weltweites Phänomen, das finden Sie überall, in Australien, in Indonesien, in Europa, und meist nach demselben Modell: sie werden plötzlich einige Handbreit unterhalb des Plafonds sichtbar, fallen herunter, bleiben wie angeklebt liegen, und wenn Sie sie aufheben, sind sie warm. Oder es kommen Gegenstände aus geschlossenen Behältern heraus. Die Okkultisten machen sich das einfach. Die sprechen von De-Materialisation und Re-Materialisation. Das ist reines Blabla, denn es gibt dafür keine physikalische Vorstellung, es sei denn, man rekurriert auf eine vierte Dimension, dann kann man das unterbringen, aber das ist kein physikalisches Konzept. Also, wir haben nun mitten in unserer Welt der körperlichen Dinge, mit denen wir täglich umgehen, völlig Unbegreifliches, das von der Physik immer mehr anerkannt wird, von den Physikern, die sich interessieren, aber unerklärt ist. Und das stellt nun die Frage, ob die Unerklärbarkeit solcher Vorgänge damit zu tun hat, daß sie offenbar an eine Psyche gebunden sind, und dann ebenso unerklärbar sind wie ganz alltägliche Vorgänge in unserem Organismus, daß wir nämlich durch einen Willensentschluß unseren Arm heben. Die Nahtstelle zwischen dem psychischen Vorgang, ich will meinen Arm heben, und den physiologischen, physikalischen Vorgängen, die dann den Arm bewegen, diese Nahtstelle ist nicht definierbar. Und vielleicht sind diese parapsychischen Phänomene, also im Spuk, ebenso diese Materiedurchdringung, gewissermaßen karikaturhaft nach außen verlegte Vorgänge, wie sie ständig in unserem Organismus als Leib-Seel-Problem, durch die Jahrhunderte bekannt, sich abspielen.«

Eine recht unkritische, dennoch sehr interessante Materialsammlung über Spuk, Materiedurchdringung und zahlreiche okkulte

Als Denkanstoß noch ein aktuelles Beispiel aus dem Bereich der Medizin. Als in den sechziger Jahren die Peking-Rundschau die ersten sensationellen Berichte über Akupunktur veröffentlichte, waren viele geneigt, hier eine Mythen- und Legendenbildung um Mao analog zu den Helden- und Heiligenlegenden zu sehen. Die magische Kraft des roten Büchleins, analog zu Handauflegung oder Reliquienverehrung, wurde belächelt und als ein Dänikenphänomen eingestuft. Inzwischen konnten sich westliche Mediziner an Ort und Stelle von der Faktizität überzeugen, und auch in den USA und Europa wurden Versuche durchgeführt, manche mit Erfolg. Nichtsdestoweniger entzieht sich diese Betäubungsmethode bislang einer überzeugenden Erklärung. Die Fakten werden nicht immer gleich von den Erklärungen begleitet.

Topoi stellt das Werk des italienischen Parapsychologen Ernesto Bozzano († 1943) dar: Übersinnliche Erscheinungen bei Naturvölkern, Bern 1948. Themen: Ektoplasma, freies Schweben, Spukerscheinungen, Apporte, Hypnose, Schwarze Magie und Zauberei, Ferntötungen, Menschen in Tiergestalt, Wunderheilungen, Astralleib, ja sogar Berichte von Totenerweckungen (S. 202–207). Bozzano beruft sich häufig auf die Berichte von Missionaren. Nicht nur wegen seiner Nähe zur spiritistischen Deutung der Phänomene stößt Bozzano auf Kritik, sondern wegen des Mangels an empirischen Beweisen. Letzteres kann naturgemäß nicht ein Beweis für die Nichtexistenz der berichteten Phänomene sein. Von wissenschaftlichem Wert sind seine Sammlungen jedoch nur insoweit, als hier dokumentiert wird, daß unter den sogenannten Naturvölkern derartige Überzeugungen bestehen, und die jeweiligen Berichte einem Vergleich mit Entsprechendem aus anderen Kulturbereichen zugeführt werden können.

ANIMISMUS – SPIRITISMUS

Im folgenden soll ein paranormales Phänomen etwas ausführlicher dargestellt werden, um anhand dieses Beispiels die Problematik der Erklärung ungewöhnlicher Erscheinungen zu demonstrieren. Es wird sich an diesem Fall – viele andere ließen sich im gleichen Sinne verwenden – zeigen, daß paranormale Phänomene im Zusammenhang mit ihrer Interpretation Probleme aufwerfen, die weit über naturwissenschaftlich-psychologische Fragestellungen hinausreichen und schließlich philosophische und theologisch-religiöse Kernfragen berühren.

Wenn ein akademisch gebildeter Schriftsteller »Stimmen Verstorbener« auf Tonband aufnimmt, so erregt dieses Phänomen als »Brücke zum Jenseits« verständlicherweise Aufsehen. Ist damit nicht der Beweis erbracht, daß es eine personale Fortexistenz gibt, daß also mit dem leiblichen Tod nicht alles aus ist? Haben doch einschlägige Wissenschaftler die Existenz dieses Phänomens bestätigt, die Stimmspektrographie konnte die Identität von Stimmen ermitteln und sogar skeptische Elektroingenieure mußten nach Überwachung der Aufnahmen nach allen Regeln ihrer Kunst bestätigen, daß ein Betrugsmanöver ausgeschlossen sei. Geht damit nicht ein uralter Wunsch des Menschen in Erfüllung,

»mit Verstorbenen in Verbindung zu treten«, Nachrichten aus dem »Jenseits« zu erhalten?

Die Tonbandstimmen, die in mehreren Ländern von verschiedenen Forschern aufgenommen wurden und werden, sollen uns hier als Beispiel dienen, an dem Erklärungshypothesen demonstriert werden können. Mit dem genannten Stimmenphänomen experimentiert unter anderen Dr. Konstantin Raudive, ein in Bad Krozingen lebender lettischer Schriftsteller mit schwedischer Staatsangehörigkeit. (Diese Angaben sind erforderlich, um die zahlreichen Fremdsprachen, die auf den Tonbändern auftauchen, zu erklären.) Raudive hat diese Forschungsmethode nicht erfunden; der eigentliche Entdecker des Phänomens ist der Schwede Friedrich Jürgenson[1].

Wir bleiben bei Raudive, weil es sich hier im Prinzip um die gleiche Methode handelt, und weil seine Schriften auch in deutscher Sprache zugänglich sind, seine Tonbandphänomene können sogar auf Schallplatte[2] erworben werden.

Beschränken wir uns hier nur auf eine der Methoden bei Raudives Experimenten. Raudive redet vor dem

[1] Dazu vgl. Zeitschrift für Parapsychologie und Grenzgebiete der Psychologie, Jg. 12, Nr. 4: Hans Bender: Zur Analyse außergewöhnlicher Stimmphänomene auf Tonband. Erkundungsexperimente über die »Einspielungen« von Friedrich Jürgenson, S. 226 bis 238, und, ebd., Jochem Sotscheck: Über Möglichkeiten der Erkennung von Sprachlauten. Zur Anwendbarkeit des Visible-Speech-Verfahrens und anderer Methoden auf die Analyse von Tonband-»Einspielungen«, S. 239–254.

[2] Konstantin Raudive: Unhörbares wird hörbar. Auf den Spuren einer Geisterwelt. Beitrag zur experimentellen Parapsychologie, Remagen 1968. Ergänzend wird eine Schallplatte geliefert, die 32 Minuten »Stimmen« und Kommentar enthält.

Mikrophon seines auf Aufnahme gestellten Tonbandgerätes Verstorbene an (es handelt sich dabei sowohl um Verwandte, als auch um Persönlichkeiten der Zeitgeschichte, aus Politik und Wissenschaft). Beim nachträglichen Abhören der Bänder vernimmt er, und nicht nur er, Stimmfetzen, Laute, die nach entsprechender Verstärkung teilweise als Worte, Wortfetzen, ja Satzteile und Sätze zu entziffern sind. Die Zahl dieser Aufnahmen ist bereits auf Zig-Tausende angestiegen, die von Raudive mit unendlicher Geduld und Faszination registriert, ausgewertet und in Büchern veröffentlicht werden. Sehr häufig ist eine Sprachenvermischung erkennbar, die bis in die Zusammensetzung einzelner Wörter geht.

Zur *technischen Fragestellung:* Raudive arbeitet mit normalen deutschen Amateurgeräten. Daß die sogenannten Stimmenphänomene ein Grundgeräusch darstellen, wie es auf neuen Bändern befindlich ist, wurde erwogen, ebenso die Möglichkeit, daß atmosphärische Störungen ein Gemisch verschiedener Radiowellen zum Niederschlag brächten. Um dies abzuwehren, wurden eigens Abschirmanlagen entwickelt. Für technisch Interessierte gibt es bereits eine kleine Fachliteratur[3], die das eine deutlich macht: an diesen Stimmenphänome-

[3] So z. B. der Beitrag von Alex Schneider: Die paranormalen Tonbandstimmen. In: Welt, Mensch und Wissenschaft morgen. Herausgegeben von Andreas Resch, München–Paderborn–Wien 1972, Imago Mundi III, S. 99–120. In der Zusammenfassung, S. 120, schreibt der Physiker Prof. Schneider u. a.: »1. Die Faktizität des Phänomens ist durch die philologischen Untersuchungen bewiesen. 2. Die Physik kennt keine Gesetze, die es verböten. 3. Die traditionelle Physik versteht aber vorläufig den Vorgang nicht, das heißt, sie sieht noch keine Möglichkeiten, (wenigstens) Teile des Vorganges in die bisherige Erfahrung einzureihen.« ...

nen ist etwas dran, es läßt sich nicht durchwegs mit atmosphärischen Störungen erklären, und auch der Betrug als Ursache des Phänomens kann als ausgeschlossen gelten.

Hören wir zunächst Raudives Interpretation: »Das Stimmenphänomen weist auf die Existenz geistiger Energien hin, die wir als Brücke zur jenseitigen Welt betrachten dürfen. Die Forschung auf diesem Gebiet geschieht durch völlig objektive Methoden. Man versucht das Phänomen von verschiedenen Gesichtspunkten zu deuten. Die Animisten, z. B. Prof. Hans Bender, wollen das Phänomen als Sprachrohr des Unbewußten erklären. Die animistische Hypothese wird in der Parapsychologie oft gebraucht und auch mißbraucht. Wegen ihrer einseitigen Radikalität schießt sie oft am Ziel und an den Tatsachen vorbei. Ich bestrebe mich um zuverlässige Einsichten in die Welt der Stimmenphänomene. Ich schließe subjektives Philosophieren und Psychologisieren aus und versuche, so gut wie möglich die Objektivität der Tatsachen zu sichern. So möchte ich zu einer differenzierten Bewertung der Tatsachenlage gelangen. Wir dürfen nicht vergessen, daß das Stimmenphänomen an die letzten und tiefsten Probleme unseres Sein rührt. Ich glaube, daß objektives Wissen um das nachtodliche Leben unser Verantwortungsgefühl der menschlichen Existenz auf Erden gegenüber erhöht. Wir können den Menschen vielleicht dazu bewegen, darüber nachzudenken, wie er lebt und wozu er lebt.«[4]

Mit seiner Überzeugung, daß sich Wesenheiten einer anderen Welt bei seinen Experimenten kundtun, steht

[4] Tonband-Interview 1971.

Raudive nicht mehr allein. Er hat eine größere Zahl von Anhängern seiner Interpretation gewonnen, darunter den verstorbenen Parapsychologen und katholischen Theologen Prof. Gebhard Frei. Bezeichnend für die Argumentationsweise seiner Anhänger ist ein Artikel des Theologen Karl Pfleger.

Bereits die Überschrift ist ein Bekenntnis: »Stimmen aus dem Jenseits.«[5] Pfleger zeigt sich überzeugt von der Interpretation Raudives und schreibt in einer begeisterten Rezension von dessen Buch und einem Bericht vom Abhören der »Stimmen«: »Sprachlos wird man, wenn man nachgewiesen bekommt, daß die Toten mit uns reden können und zwar nicht bloß im Traum. Nein, daß sie sich offenbar direkt danach sehnen, mit uns in Kontakt zu kommen und zwar mit den banalen Mitteln, die uns Menschen die moderne Technik geliefert hat, mit Radio, Tonband, Mikrophon, d. h. also auf der Brücke der elektronischen Wellen.« Pfleger fährt fort: »Es handelt sich jetzt nicht mehr wie in der bisherigen Parapsychologie um Vorgänge, die sich im Innern, im subjektiven Erleben eines Menschen abspielen und die darum nur sehr schwer auf ihre Glaubwürdigkeit geprüft werden können. Es handelt sich jetzt um Tatsachen.«

Da es sich bei Pfleger nicht um irgendeinen Okkultgläubigen handelt, sondern um einen lebenslang mit weltanschaulichen Fragen ringenden Theologen, wird die Motivation verständlich, warum Pfleger Raudives Experimente samt Deutung ohne Rückhalt übernimmt: »Auf der Seite des christlichen Glaubens kann der Grund zum Skeptizismus nur darin liegen, daß dieses experi-

[5] Karl Pfleger: Stimmen aus dem Jenseits. Das Werk Konstantin Raudives, in: Perspektiven der Zukunft, Februar 1972, S. 2–5.

mentell entdeckte Jenseits seinen geläufigen Vorstellungen ungenügend entspricht. Denn an sich muß er glücklich darüber sein, wenn die Unsterblichkeit, ohne die der ganze Christusglaube in der Luft hängt, von der parapsychologischen Wissenschaft zu einer experimental nachweisbaren Tatsache erklärt wird.«[6]

Wir wollen hier die weitere Argumentation zum Thema »Jenseits« zunächst aufschieben und im Zusammenhang mit theologischen Fragestellungen auf diese Probleme zurückkommen. Hier soll nur unterstrichen werden, daß paranormale Phänomene, deren Existenz von Fachleuten nicht mehr bestritten wird, häufig als ein Hereinwirken jenseitiger Mächte verstanden werden. Es ist verständlich, wenn mancher Theologe angesichts der Glaubensschwierigkeiten der ihm Anvertrauten nun (kurzschlüssig) den Glauben mit empirischen Beweisen stützen, ja ersetzen will.

Daß hier allerdings die berechtigte und theologisch nicht beantwortete Frage auftaucht, in welchem Zustand sich die menschliche Person unmittelbar nach dem Tode befinde, wenn doch das biologische Ende nicht das Ende schlechthin bedeute, sei nicht bestritten. Gegenwärtig erhebt sich im Zusammenhang mit dem Interesse an östlicher Weisheit (zum Beispiel: Tibetanisches Totenbuch[7]), spiritistischen Erfahrungen und dergleichen[8],

[6] A. a. O., S. 2.

[7] Das Tibetanische Totenbuch oder die Nachtod-Erfahrungen auf der Bardo-Stufe. Olten und Freiburg 1971. Ägyptisches Totenbuch, Weilheim 1970.

[8] Zahlreiche Autoren christlicher Prägung, nicht selten mit gnostischen Einschlägen, haben eine umfangreiche Literatur hervorgebracht, die zumeist in wenig bekannten Verlagen erscheint. Mystik, Eschatologie und »häretische« Überzeugungen lassen sich

diese durchaus ernsthafte Frage, die auch theologisch brisant ist (»Fegfeuer«, »Zwischenreich« etc.). Aber mit dem Auftauchen der Fragestellung ist Raudives Interpretation noch nicht bewiesen, auch die massive Folgerung aus seinen Experimenten bleibt problematisch: »Der Tod ist also keine Endstation unserer irdischen Existenz, sondern ein Übergang in ein neues Werden, in eine dahinströmende Existenz, die nie endgültig sein wird.« [9]

Nun haben wir, in der gebotenen Kürze, das Phänomen in seiner technischen Form dargestellt, wir akzeptieren auch seine Faktizität (wie dies die meisten Parapsychologen tun), möchten nun aber zur bereits dargelegten Interpretation die gebotenen Gegenstimmen zu Wort kommen lassen. Parapsychologen mit wissenschaftlicher Ausrichtung, die vor der Interpretation der Phänomene dem Experiment die erforderliche technische Aufmerksamkeit gewidmet haben, sehen in Raudives und seiner Anhänger Deutung eine voreilige *spiritistische Schlußfolgerung*. Diese Vokabel gilt es hier zunächst zu erklären.

Im parapsychologischen Sprachgebrauch besagt das Adjektiv »spiritistisch« in erster Linie eine Erklärungshypothese für paranormale Vorgänge, die jenseitige Geistwesen als die Verursacher der ungeklärten Erscheinungen annimmt. In unserem Fall lautet diese spiritistische Deutung: es sind tatsächlich die Verstorbenen,

nicht immer deutlich trennen. Zur Frage der nachtodlichen Existenz vgl. Alfons Rosenberg: J. F. Oberlin. Die Bleibstätten der Toten, Bietigheim o. J.

[9] Zitiert nach einem Vorabdruck von Raudives Buch »Gibt es eine nachtodliche Existenz?« in: Perspektiven der Zukunft, Februar 1973, S. 2.

die, auf eine uns noch nicht bekannte Weise, zu uns sprechen und sich eben mit Hilfe technischer Mittel äußern.

Dies mag einem Skeptiker nur ein kurzes Lächeln abringen, aber der Gegenbeweis ist nicht zu erbringen bzw. nicht erbracht. Die Verständigung wird erschwert durch die Tatsache, daß die Gegenmeinung auf den ersten Blick mindestens ebenso umwegig und schwierig erscheint. Damit müssen wir einen zweiten Fachbegriff erklären: der Gegenbegriff zur spiritistischen Hypothese lautet in der Sprache der Parapsychologen *»animistisch«* und besagt in kurzen Worten: Kräfte des Unbewußten im Menschen vermögen die Erscheinungen psychisch zu verursachen, in unserem Fall: der Experimentator Raudive kennt, unbewußt, die Stimmen derjenigen, mit denen er vermeintlich in Verbindung tritt, sein Unbewußtes reproduziert mit der psychischen Energie die Laute, zunächst unhörbar, auf dem Mikrophon, dem Tonkopf, oder dem Band selbst.

Dies erscheint ein kaum einsehbares Geschehen für alle jene, die die Wirkmächtigkeit seelischer Äußerungen noch nicht erfahren haben. Wir stehen in diesem Augenblick also vor dem Dilemma, daß uns zwei Erklärungshypothesen angeboten werden, die auf den ersten Blick zu Skepsis Anlaß geben. Vergessen wir aber nicht, daß der Fall nicht mit »Betrug« oder »Humbug« abgetan ist: Wir haben vor uns das Stimmenphänomen als ein Faktum, das eine Erklärung verlangt. Weder Spiritismus noch Animismus leisten diese Erklärung in einer Weise, daß damit alle Fragen geklärt wären. Die Interpretationen, im ersten Fall über das Modell »Geistwesen«, im zweiten Fall über das Modell »Unbewußtes«, stehen in einem heftigen Streit.

Wie gesagt, die Tonband-Stimmen von Raudive sind nur eines von vielen möglichen Beispielen, für die der Parapsychologe eine Erklärung sucht.

Wenn in diesem Falle der animistischen Interpretation aus Gründen, die noch erwähnt werden, der Vorzug gegeben wird, so muß doch um der Sache willen betont werden, daß es nicht angeht, zu behaupten, die Geisterhypothese sei widerlegt (was auch Bender ausdrücklich nicht behauptet) oder, grundsätzlicher, Geister könnten hier nicht am Werke sein. Für eine solche Aussage fehlt bislang der Beweis, es sei denn, man begnügt sich mit a-priori-Behauptungen von der Art: es gibt keine Geister, es gibt keine Seele. Dies wird deswegen so deutlich unterstrichen, weil allzu rasch mit Argumenten wie Intelligenzmangel oder Schlimmerem derartige Kontroversen ein Ende finden. Wenden wir uns zunächst noch dem Inhalt der Tonbandstimmen zu, die zu Hunderten in Raudives Büchern nachgelesen werden können. Sie verblüffen, wie die meisten spiritistischen »Jenseitsbotschaften«, mit ihrer Banalität, die über Alltagsäußerungen und Binsenwahrheiten nur selten hinausgehen. Wenn da mancher, im Sinne der oben zitierten Erzählung von Döblin, auf derartige Bekanntschaften verzichtet und kein Interesse mehr am »Jenseits« hat, so erscheint dies bei solchen »Botschaften« verständlich. Argumentativer Wert kommt dem jedoch nicht zu.

Für jeden einigermaßen in der Psychologie versierten Beobachter erscheinen manche Äußerungen von Raudives Tonbandstimmen als Indiz für projiziertes Wunschdenken: daß nämlich Raudives »Gesprächspartner« sich im »Jenseits« negativ über die Vertreter der animistischen Hypothese aussprechen, daß Bender von den Geistern namentlich als für Raudives Arbeit gefährlich bezeichnet wird[10]. Es liegt nahe, von unbewußten Gedankengängen Raudives zu sprechen.

Ein weiteres Phänomen kann als Zugang und Verständnishilfe dienen. Es gibt vielfältige Berichte über sogenannte psychische Fotografien, die Tatsache also, daß mit psychischer Energie auf eine unbelichtete Platte oder einen Film ein Bild der Vorstellung projiziert wird. Mit wissenschaftlicher Akribie untersucht ist dabei der Fall des Ted Serios, der nach Konzentration auf unbelichtete Filme Bilder projiziert, die ebenfalls nicht mehr als zufällig vorbelichtet oder betrügerisch entstanden bezeichnet werden können. Bildmaterial ist veröffentlicht, die Untersuchung kann im Original nachgelesen werden[11]. Im Zusammenhang mit dem berühmten verstorbenen Kapuzinermönch Pater Pio werden ähnliche Erscheinungen berichtet.

Die Beschäftigung mit den Grenzphänomenen, das ist am Beispiel der Tonband-Stimmen deutlich geworden, führt zu metaphysischen Fragen, läßt das Problem der »letzten Dinge« wach werden, ganz konkret taucht die Frage auf: gibt es eine nachtodliche Existenz oder nicht? Und hier erweist sich sehr rasch die Notwendigkeit, daß sich Kirche und Theologie mit den Sachbereichen Parapsychologie und Paranormologie vertraut machen, denn in diesem Problemfeld suchen zahlreiche Okkultisten Argumente für die Beantwortung der Frage des

[10] Dies findet sich auch unter Raudives Schallplattenbeispielen.
[11] Jule Eisenbud: The World of Ted Serios, New York 1967.
Bildmaterial in: Hans Bender: Unser sechster Sinn, Stuttgart 1971, und Welt, Mensch und Wissenschaft morgen, Imago Mundi III.

»Lebens nach dem Tode«. Von hier erwächst der Kirche eine weltanschauliche Konkurrenzeinrichtung; ausdrücklich: *nicht in der wissenschaftlichen Parapsychologie*, sondern in der empirisch nicht mehr belegbaren Interpretation rätselhafter Grenzphänomene durch Okkultisten, wobei eine Sach-Nähe zu den religiösen Fragen wie dem Überleben nicht zu leugnen ist[12]. Es geht aber weder um Terrainsicherung der Theologie, noch um polemische Auseinandersetzungen mit der spiritistischen Weltanschauung – dies vorweg –, sondern einzig und allein um Sicherstellung der Phänomene und Klärung der Frage, was kann interpretierend verantwortet werden und was nicht. Denn wenn auf okkultistischer Seite oftmals von »Sicherheit« die Rede ist, so sind diese »Tatsachen« bei näherem Hinsehen doch oftmals sehr skeptisch zu bewertende Möglichkeiten, auf die sich keine Weltanschauung, die ernst genommen werden will, aufbauen kann.

Wir haben uns mit der Frage der Erklärungshypothesen für paranormale Erscheinungen zu befassen und nannten bislang zwei Hypothesen. Bevor wir diesen Bereich abschließen und zu weiterführenden Fragen kommen, sollen noch einmal wissenschaftliche Definitionen zitiert werden, auf die wir uns in den folgenden Ausführungen und Beispielen stützen können, wenn die Begriffe Spiritismus/spiritistisch und Animismus/animistisch zur Sprache kommen.

Zahlner[13] nimmt bei der Formulierung der Defini-

[12] Siehe letztes Kapitel: Die Kirche vor den Erfahrungen von Parapsychologie und Okkultismus.

[13] Ferdinand Zahlner: Kleines Lexikon der Paranormologie, Abensberg 1972.

tion von »spiritistische Hypothese« eine vermittelnde Stellung ein, wenn er schreibt: »Annahme des Hereinwirkens jenseitiger Mächte in das Diesseits bzw. der Beteiligung von Geistern (Seelen Verstorbener) an manchen [sic! also nicht generell] Para-Phänomenen. Diese Hypothese läßt sich wissenschaftstheoretisch weder beweisen noch widerlegen; sie stellt – wie die animistische Hypothese – eine vom Wissenschaftsbegriff der Phänomenologie wie auch eine von der Weltanschauung her bedingte Vorentscheidung dar. Gleichwohl kann diese Ansicht aus philosophisch-theologischen Erwägungen bei gewissen Phantom- und Spukerscheinungen nicht a priori in Abrede gestellt werden.«

Zur Erläuterung sei hier erwähnt, daß die in der katholischen Theologie (früher) selbstverständliche Annahme von Geistwesen, von »Armen Seelen«, von Engeln etc. eine gewisse Nähe zur spiritistischen Hypothese nicht verleugnen kann.

Den parapsychologischen Begriff »Animismus« definiert Zahlner folgendermaßen: »Gegenbegriff und von Alexander N. Aksákow (Animismus und Spiritismus 1898) eingeführte Gegenhypothese zum Spiritismus. Demnach ist A. eine Projektion psychischer Inhalte, aus denen sich die paranormalen Phänomene unter Ausschluß eines Geisterglaubens (s. Spiritismus) restlos erklären lassen. In der heutigen paranormologischen Forschung ist diese immanente Erklärunghypothese wohl die dominierende Schulmeinung.«

Soweit zu einer möglichen Definition der beiden Haupthypothesen zur Erklärung paranormaler Phänomene. Er sei ergänzend darauf hingewiesen, daß zahlreiche Forscher, bei aller Präferenz für Spiritismus oder

Animismus, die jeweils andere Hypothese für nicht ausgeschlossen halten und dies auch nicht a priori bestimmen wollen, vielmehr im Einzelfall vom Phänomen selber ausgehen.

Wenn sich auch eine grundsätzliche Spannung aus der Existenz der beiden Hypothesen ergibt, die bei Aufrechterhaltung der weltanschaulichen Voraussetzungen kaum aufzuheben sein dürfte, so ist ein Vermittlungsversuch des italienischen Parapsychologen Gastone de Boni ein erwähnenswerter Gedanke: Die Auseinandersetzungen zwischen diesen beiden Richtungen machten deutlich, »daß einer, der den Spiritismus verwirft, indem er den Animismus vorschiebt, schließlich der Seele göttliche Attribute zubilligt – was er ja gerade vermeiden wollte – und dann eben zum Spiritismus gelangt, nur über den Umweg des Animismus«[14].

Auf ein mögliches Mißverständnis muß noch hingewiesen werden. Die angeführten Zahlnerschen Definitionen können den Eindruck vermitteln, als seien alle darin verwendeten Vokabeln gänzlich gesichert und somit unproblematisch. Wenn beispielsweise davon die Rede ist, daß in der Psychokinese die Psyche auf die Materie einwirke, so muß hinzugefügt werden, daß »Psyche« und »Materie« oder gar »Geist« keineswegs Begriffe sind, deren inhaltliche Bestimmung man schwarz auf weiß nach Hause tragen könnte. Wir stehen hier erneut und mit vertieftem Problembewußtsein vor den uralten Fragen, die die gesamte Philosophiegeschichte durchziehen: die naturphilosophischen Spekulationen nach dem Wesen des Stofflichen sind durch den Umbruch

[14] Im Nachwort zu Ernesto Bozzano: Übersinnliche Erscheinungen bei Naturvölkern, Bern 1948, S. 308.

in der Physik heute so akut wie bei den Vorsokratikern; das Verhältnis von Leib und Seele ist, trotz psychosomatischer Medizin, im Grunde nicht gelöst, möglicherweise ist es grundsätzlich unlösbar. Kaum einem, der sich auch nur annähernd in dieses Problemfeld eingedacht hat, gehen die Termini noch mit neuscholastischer Selbstsicherheit über die Lippen.

Andreas Resch gab in einem Interview[15] zur Frage des *Naturbegriffs in der Parapsychologie* einige bemerkenswerte Hinweise: »In einer sachlichen Erwägung wird man heute wohl sagen müssen, daß wir hier überhaupt keine exakte Aussage machen können. Das ist auch leicht verständlich, wenn wir nicht einmal wissen, was im Grunde *Materie* ist. ... Der Begriff der Natur der Parapsychologie wird elastischer sein, weil es hier ja um psychische Phänomene geht. Freilich, und das muß wohl auch einmal ausgesprochen werden, wissen wir in keiner Weise, was Psyche eigentlich ist. Ja, und die Frage ist noch nicht beantwortet, ob es überhaupt so etwas wie eine Psyche gibt. Also eine Psyche, die sich abheben würde von dem, was man allgemein als Geist bezeichnet, abheben würde von dem, was man sonst allgemein als Materie bezeichnet.«

Unser Ausgangspunkt waren paranormale Phänomene. Bei der Darstellung von zwei Deutungsversuchen stießen wir ganz nebenbei auf philosophische Grundfragen, die deutlich machen, daß Parapsychologie und Paranormologie, neben dem Bemühen um Eingliederung der okkulten Sachverhalte in unser Weltbild, von nicht zu verkennendem Erkenntnisinteresse sind, daß uralte

[15] Tonband-Interview 1971.

Fragen aus einer ganz neuen Perspektive angeschnitten werden.

Die bedrängendste Frage ist dabei die nach der Existenz einer (auch leibfrei agierenden) Seele, die ja wiederum die Voraussetzung für ein Weiterleben nach dem biologischen Tode wäre (zumindest in der abendländischen Philosophie und Theologie). Die Existenz einer leibfrei existierenden und agierenden Seele ist im Sinne der experimentellen Psychologie nicht bewiesen. Aus diesem Grunde sind Äußerungen wie »wissenschaftlicher Beweis über das Fortleben« nicht mehr als spiritistischer Glaube – ein Glaube, der möglicherweise manches mit christlichen Vorstellungen gemeinsam hat, der aber nicht als empirisch belegt und bewiesen bezeichnet werden sollte[16].

Mit dieser Unterscheidung von Glauben und Wissen soll aber keineswegs ein negatives a-priori-Urteil über Seele und Fortleben gestützt werden, ebensowenig wie die Problemnähe von psychologischer Forschung einerseits und von spiritistisch/theologischen Denkmodellen andererseits geleugnet werden soll. Die Vermischung der Sachbereiche gilt es zu vermeiden, denn die Ideologisie-

[16] So steht, völlig unberechtigt und wohl nur von Werbezwekken motiviert, auf dem vom Verlag verantworteten Schutzumschlag eines der erfolgreichsten spiritistischen Bestseller, von Arthur Ford: Bericht vom Leben nach dem Tode, Bern–München–Wien 1972: »Eines der wichtigsten Werke der modernen PSI-Forschung. Der Mann, der mit Menschen im Jenseits redete – der Kronzeuge der Wissenschaft für das psychische Weiterleben des Menschen nach seinem Tod.« Eben dieser Verlag brachte wenig später ein Werk von W. J. Campbell auf den Markt mit dem bezeichnenden Titel: Der Irrtum mit der Seele. Der Werbung fiel nun dazu der wissenschaftliche Beweis ein, daß der Mensch gar keine Seele habe, denn die Physiologie habe sie nicht gefunden!

rung parapsychologischer Forschung nützt dieser so wenig wie naturwissenschaftliche »Beweise« dem fundamentaltheologischen Anliegen. Die Begegnung der Fächer kann nur bei klarer Unterscheidung der Forschungsmethoden und Aussagemöglichkeiten nützlich sein. Die Unterscheidung von Glauben und Wissen sollte nicht angesichts der Glaubenskrise einer apologetischen Notbremse zum Opfer fallen, die sich als wirkungslos erweisen müßte.

Wenn die Weiterlebensfrage im Zusammenhang mit der wissenschaftlichen Parapsychologie gestellt wird, so ist angesichts der modischen okkulten Publikationen auf einen Umstand hinzuweisen, auch wenn dieser banal anmuten mag: es gibt keine Möglichkeit, die Identität zwischen dem sich im Stimmenphänomen oder in einer spiritistischen Sitzung angeblich Manifestierenden und dem Verstorbenen selbst zu beweisen. Für einen derartigen Beweis wäre ja ein Kontrollpunkt im »Jenseits« selbst erforderlich, wie Resch hervorhebt[17].

So hat also die animistische Hypothese den unbestreitbaren Vorteil, sich für die Erklärung der Phänomene nur auf allgemein bekannte Prinzipien zu stützen und nicht wissenschaftlich unbewiesene, vielleicht grundsätzlich niemals faßbare Prinzipien, wie die Existenz und das Wirken von Geistwesen, heranzuziehen. Damit befindet sie sich im Einklang mit der scholastischen Methodenlehre, die nach der Formulierung Occams verlangt: principia non sunt multiplicanda praeter necessitatem, also: zur Erklärung eines Sachverhaltes sollen nicht ohne Not Kategorien herangezogen werden,

[17] Tonband-Interview 1973.

die das uns Bekannte überschreiten. Tenhaeff[18] und Bender[19] berufen sich auch ausdrücklich bei der Auseinandersetzung mit dem Spiritismus auf diesen Grundsatz. Daß dies nicht zu einer Konfrontation der Wissenschaft mit Theologie und Glaube kommen muß, unterstreicht der Paranormologe und Theologe Resch ausdrücklich:

»Vom rein Theologischen her ist es so, daß Gott und Geistwesen eingreifen können. Das ist im katholischen Raum eine Lehre, von der nicht abgegangen werden kann. Die katholische Kirche ist aber z. B. dem laienhaften Spiritismus, der sogenannten Zitierung von Verstorbenen, gegenüber deshalb sehr skeptisch und lehnt diese Form auch ab, weil ja im letzten zunächst die Frage zu beantworten ist: wer ist es, der sich meldet? und zweitens: ist derjenige, der sich in einer spiritistischen Sitzung kundtut, wirklich auch der, als der er sich meldet, oder handelt es sich dabei nur um eine suggestive Einwirkung durch die Teilnehmer der Sitzung oder um eine Form von Gedankenübertragung? Vom Theologischen her gibt es für all diese Fragen, wie auch für Wunder, nur das eine Kriterium, das Christus selber hier gegeben hat, indem er sagte: An den Früchten werdet ihr sie erkennen.«[20]

Die Präferenz für den Animismus (wohlgemerkt: als die keineswegs alles andere ausschließende Arbeitshypo-

[18] W. H. C. Tenhaeff: Kontakte mit dem Jenseits? Der Spiritismus-Report, Berlin o. J. (1973), S. 52 f.

[19] Hans Bender: Telepathie, Hellsehen und Psychokinese. Aufsätze zur Paraspychologie, München 1972, S. 75.

[20] Tonband-Interview 1971, abgedruckt in Grenzgebiete der der Wissenschaft I, 1972, S. 212–221, hier S. 218 f.

these) wird durch ganz praktische Gesichtspunkte unterstützt. Im Verlauf der Forschungsgeschichte wurden immer mehr Phänomene der spiritistischen Aura entkleidet, so daß diese Ernüchterung genügte, um die als spiritistische Praktik beginnende okkulte Forschung im Laufe der Jahrzehnte zu der primär animistisch orientierten empirischen Parapsychologie werden zu lassen. Sehr, sehr viele, auch ganz erstaunliche Phänomene, lassen sich heute im Labor nicht nur untersuchen, sondern auch stimulieren, so daß man sich fragen muß, sollen hier wirklich Geister im Spiel sein? – auch wenn der Einwand nicht widerlegt werden kann: warum sollten die Geister vor den Laboren der Parapsychologen haltmachen? [21]

[21] Für diesen Standpunkt möchte ich aus einer privaten Korrespondenz mit einem katholischen Theologen einige Sätze zitieren: »Nun sind aber auch Bender und andere – trotz aller Beteuerungen – ›Grenzüberschreiter‹, wenn sie ihre unverhohlene Sympathie mit der animistischen These bekunden; streng genommen dürften sie das auch nicht, da sie zugegebenermaßen mit naturwissenschaftlichen Methoden die spiritistische These auch nicht ausschließen können. Wenn sie sagen, wir kommen mit der animistischen These vollkommen aus, könnten vergleichsweise ja auch jene Leute recht haben, für die menschliche Liebe nichts anderes ist als vermehrte Hormonausschüttung ins Blut oder jene, für die der menschliche Geist nichts weiter ist als bloße Gehirnfunktion ... Ich halte es jedenfalls für gefährlich, in Fragen, die den Menschen in seiner Gänze betreffen, mit Kategorien der empirischen Wissenschaften auskommen zu wollen ... Ob ich nun den Animismus oder in ganz bestimmten Fällen das spiritistische Modell vorziehe, ist nach Abwägung aller pro und contra schließlich Ermessenssache ... Es gibt durch alle Zeiten gehäuftes Material, wo m. E. die animistische Deutung nicht zulangt ... Bei den vorgeblichen Manifestationen Verstorbener geht es ja ohnehin nicht um einen Vorstoß in die Transzendenz unsererseits, sondern um ein von uns nicht zu verhinderndes Hereinkommen Transzendenter in unsere Sphäre ...«

Gegenfrage: Warum sollten in den endlosen Reihenversuchen mit Kartentests und dergleichen, den heute schon vielfach automatisierten und am Computer auswertbaren Forschungseinrichtungen Geister ansetzen, wie Raudive dies für seine Tonbandstimmen postuliert?

Wie mehrfach bemerkt, die spiritistische Hypothese wird vor allem dort, wo sie im wissenschaftlichen Zusammenhang erwogen und angeboten wird, nicht als ausschließliche Erklärungsmethode präsentiert[22]. Vielmehr wird sie für besonders augenfällige, eindrucksvolle und seltene Geschehnisse herangezogen. Nennen wir dazu ein Beispiel: ein Fall von sogenannter Besessenheit (wobei wir die religiöse Komponente hier zunächst ausklammern). Eine Person, die davon überzeugt ist, daß aus ihr ein böser Geist, ein Teufel spricht und die die

[22] Von der aus der Sicht der spiritistischen Hypothese argumentierenden Literatur sei an erster Stelle das bedeutende Standardwerk von Emil Mattiesen genannt: Das persönliche Überleben des Todes. Eine Darstellung der Erfahrungsbeweise, 3 Bände, Berlin [1]1936–1939, zweiter unveränderter Nachdruck 1968. Von den neueren Veröffentlichungen, die sich auch an den Ergebnissen der animistischen Forschung orientieren, seien in alphabetischer Reihenfolge genannt:

Gerhard Bergmann: ... und es gibt doch ein Jenseits. Auf den Spuren des Übersinnlichen, Gladbeck 1971.

Gebhard Frei: Probleme der Parapsychologie. Gesammelte Aufsätze. Herausgegeben von Andreas Resch, München–Paderborn–Wien [2]1971, Imago Mundi II.

Wilhelm Horkel: Botschaft von Drüben. Außersinnliche Erfahrungen und Erkenntnisse aus unserer Zeit, Stuttgart [4]o. J.

Rudolf Passian: Abschied ohne Wiederkehr? Tod und Jenseits in parapsychologischer Sicht. Erlebtes – Erfahrenes – Erforschtes. Pforzheim 1973.

Ernst Sehringer: Christlicher Glaube und Parapsychologie, Pforzheim 1969.

üblichen Erscheinungen von Persönlichkeitsspaltung zeigt, wird von einem Exorzisten behandelt. Dieser Exorzist spricht zu der Person bzw. dem in ihr angeblich einsitzenden Geist. Er erhält darauf eine schlüssige Antwort. Der Exorzist setzt die Unterhaltung mit dem »Teufel« in einigen fremden Sprachen fort, erhält, wenn auch auf deutsch, eine sinnbezogene Antwort, die nur als Reaktion auf diese Frage verstanden werden kann. Nun hat aber nachweislich diese Person niemals Fremdsprachen gelernt. Wer also antwortet in dieser Person, wenn ihr vordergründiges Ich diese Fremdsprachen gar nicht kennt? Um Amnesien und dergleichen auszuschalten, wird die Anrede schließlich in alten Sprachen geführt. Das verblüffende Ergebnis bleibt davon unbeeinträchtigt: der »Geist« antwortet auch darauf sinngerecht. Wer derartige Fälle kennengelernt hat, wird nicht mehr erstaunt sein, daß hier die spiritistische Hypothese überzeugend wirkt und natürlich auch ihre Anhänger findet[23].

Dennoch, auch die animistische Deutung sollte in sol-

[23] Adolf Rodewyk: Dämonische Besessenheit heute. Tatsachen und Deutungen, Aschaffenburg 1966, S. 19 und S. 218 ff (zum Phänomen des Verstehens fremder Sprachen). S. 11 wendet sich Rodewyk ausdrücklich gegen die Gleichsetzung von Besessenheit mit Persönlichkeits- oder Bewußtseinsspaltung. In 2. Auflage ist das Werk erschienen, Stein am Rhein 1970. Vgl. auch Rodewyk: Die dämonische Besessenheit, Aschaffenburg 1963. Vgl. auch die Artikel »Besessenheit« in den theologischen Lexika. Nach katholischer Lehre ist die Existenz von Geistwesen, Dämonen etc. ein schriftbezeugtes Faktum, dem auch dogmatische Bedeutung zukommt. So ergibt sich von der Sache her eine gewisse Nähe zur spiritistischen Hypothese, genauer, ein animistischer Dogmatismus – etwa »Geister gibt es nicht« – stünde im Gegensatz zur katholischen Theologie.

chen dramatischen Fällen nicht überhört werden, denn auch sie hat gewichtige Argumente. Das oben beschriebene Phänomen der Telepathie hier vorausgesetzt, wird man sagen dürfen, der Befrager, der Exorzist, kennt ja auch die Bandbreite der möglichen Antworten auf seine Frage, wenn auch nur unbewußt, und warum sollte diese »Information« nicht auch hier telepathisch abgezapft werden? Eine solche Deutung gibt Bender für diesen Fall. Nach dem ersten Augenschein wirkt der Erklärungsweg des Animismus hier als ein Umweg, verglichen mit dem kurzen Weg der Geisterhypothese. Diese animistische Deutung ist jedoch, genau besehen, nicht weniger plausibel und sie hat den Vorteil, daß sie keine zusätzlichen »principia« heranziehen muß.

Abschließend sei im Rahmen der Kontroverse Animismus-Spiritismus ein Phänomen genannt, das bislang *nicht* mit einer animistischen Deutung befriedigend erklärt werden konnte. Es geht um das musikalische Medium Rosemary Brown, die, ohne besondere Vorbildung, musikalische Kompositionen niederschreibt, die ihr, nach eigenen Aussagen, berühmte verstorbene Komponisten eingeben: Liszt, Beethoven, etc. Musikwissenschaftler empfinden diese offenbar neuen Kompositionen als durchaus stilkonform mit den Werken der genannten Künstler, die angeblich zu Rosy Brown kommen und sie inspirieren. Es war immerhin ein Bischof, der Mrs. Browns Buch[24] mit einem Vorwort beehrte, in dem es heißt: »Im Fall Rosemary Brown hat es den Anschein, als wolle eine Gruppe von Musikern unter der Leitung Liszts und Chopins zur Freude der Menschheit weitere

[24] Rosemary Brown: Musik aus dem Jenseits. Das Medium Rosemary Brown berichtet. Wien–Hamburg 1971.

Werke schaffen. Sie erwählten Rosemary Brown als Vermittlerin.

Natürlich wird diese Erklärung all jenen absurd erscheinen«, so fährt der Bischof Mervyn von Southwark fort, »die den Gedanken an ein Leben nach dem Tod ablehnen, und sie werden zweifellos auf die alten Argumente wie ›Telepathie‹ und ›Intuition‹ zurückgreifen, ohne zu definieren, was sie darunter verstehen. Aber diese Erklärung ist nicht absurd für Menschen, die den Tod für ein verhältnismäßig unwichtiges Ereignis in der Entwicklung der Persönlichkeit halten. Da ich mich seit Jahren für Seelenforschung[25] interessiere, halte ich die Annahme für vertretbar, daß wir, jenseits des Grabes, Leben in einer anderen Dimension mit gesteigerten Fähigkeiten vorfinden werden. Wenn es so ist, kann man auch annehmen, daß dort Künstler ihre besonderen Gaben weiter entwickeln ...

Vielleicht kommt hier neuerlich die biblische Methode zu Wort, die Wahrheit durch die Bescheidenen und Demütigen enthüllen zu lassen ... In einer Zeit, in der der Geist des Menschen vom Materialismus ihrer Umwelt in Schranken gehalten wird und die Kirche Schwierigkeiten hat, an ein höheres Dasein zu erinnern, bedeuten die Erlebnisse der Rosemary Brown für alle Einsichtigen eine Herausforderung und einen Hinweis. Es gibt eine Welt jenseits der unseren, und wir sollten uns vor Augen halten, daß wir unser Leben im Schatten der Ewigkeit leben.«[26]

[25] »Seelenforschung« ist eine Übersetzung von »psychic research«, dem im angelsächsischen Raum üblichen Terminus für Parapsychologie, heute meist durch »parapsychology« ersetzt.

[26] Brown, a. a. O., S. 8 f.

Dieses Zitat hat deutlich werden lassen, wie sich ein ungeklärtes Phänomen für eine spiritistische Deutung anbieten kann, und zweitens ist gewiß auch augenfällig, daß die spiritistische Hypothese engsten Bezug zur kirchlich-theologischen Problematik aufweist, generell zur metaphysischen Frage des Fortlebens.

In Kenntnis der schöpferischen Kraft des Unbewußten und zahlreicher Parallelphänomene schreibt Tenhaeff zu diesem Fall: »Die Möglichkeit, daß Rosemary Brown tatsächlich von verstorbenen Komponisten inspiriert sein könnte, lehne ich nicht unbedingt ab. Das heißt aber nicht, daß ich sie annehme.«[27] Genereller das Problem der spiritistischen Hypothese ansprechend, betont Tenhaeff: »Im Lauf der Zeit hat sich unsere Kenntnis von den im Menschen ›schlummernden‹ paranormalen Kräften mehr und mehr vertieft, und dadurch sind die Fälle, die man spiritistisch erklären zu müssen glaubt, immer weniger geworden.«[28]

»In unserem modernen naturphilosophischen Weltbild findet sich – *zur Not* – auch Platz für die spiritistische Hypothese. Wohlgemerkt: Ich schreibe hier *zur Not.* Nichtablehnen und Annehmen ist nicht dasselbe. Es ist die Aufgabe des Paraspychologen, herauszufinden, ob es tatsächlich spiritistische, also paranormale Phänomene gibt, die mit Hilfe der Geisterhypothese erklärt werden müssen.«[29]

In diesem Sinne schreibt auch Bender zur Auseinandersetzung mit dem Spiritismus: »Persönlich möchte ich bekennen, daß ich durchaus bereit bin, mich von einem

[27] Tenhaeff, a. a. O., S. 286.
[28] Ebd., S. 55.
[29] Ebd., S. 49.

zwingenden Beweis überzeugen zu lassen und keine Vorurteile gegen die Hypothese des Überlebens habe. Doch fühle ich mich als Wissenschaftler an den alten scholastischen Grundsatz verpflichtet: ›Entia non sunt numeranda praeter necessitatem‹ – Prinzipien sollen nicht über das notwendige Maß hinaus erweitert werden. Auf die Kontroverse Animismus-Spiritismus angewandt, heißt das: wir machen als Parapsychologen bei spontanen Phänomenen und im Laboratorium ständig die Erfahrung von den Raum und die Zeit transzendierenden Fähigkeiten der leibgebundenen Psyche. Wir verfügen aber über keine unmittelbare Erfahrung, daß die Psyche als personale Entität leibfrei existieren kann.« [30]

Daß diese Fragestellung verschiedene Deutungen anregt und angeregt hat und noch lange nicht abgeschlossen sein wird, sei abschließend mit einem Zitat von C. G. Jung unterstrichen. In einem Vortrag aus dem Jahre 1919 mit dem Titel »Die psychologischen Grundlagen des Geisterglaubens« [31], den er in der britischen Gesellschaft für Psychical Research in London hielt, betonte Jung: »Wo es sich um parapsychologische Phänomene handelt, so scheinen diese in der Regel mit der Gegenwart eines Mediums verbunden zu sein. Sie sind, soweit wenigstens meine Erfahrung reicht, exteriorisierte Wirkungen unbewußter Komplexe. Von diesen Exteriorisationen bin ich allerdings überzeugt. Ich habe vielfach telepathische Wirkungen unbewußter Komplexe gesehen und auch eine Reihe parapsychologischer Phäno-

[30] Bender, München 1972, S. 75.

[31] In: C. G. Jung: Die Dynamik des Unbewußten. Zürich und Stuttgart 1967, Gesammelte Werke, Band 8, S. 341–360.

mene beobachtet. Aber ich kann in all dem keinen Beweis für die Existenz von wirklichen Geistern erblicken, sondern muß dieses Erscheinungsgebiet bis auf weiteres für ein Kapitel der Psychologie halten.«[32] Diesen vorsichtig formulierten animistischen Standpunkt revidiert Jung selbst in einer Fußnote zur Gesamtausgabe seiner Werke, wenn er seinen Beitrag mit der Bemerkung ergänzt: »Nachdem ich seit einem halben Jahrhundert von vielen Menschen und in vielen Ländern psychologische Erfahrungen gesammelt habe, fühle ich mich nicht mehr so sicher wie im Jahre 1919, als ich obigen Satz niederschrieb. Ich zweifle offen gestanden daran, daß eine ausschließlich psychologische Methodik und Betrachtung den in Frage stehenden Phänomenen gerecht werden kann. Nicht nur die Feststellungen der Parapsychologie, sondern auch meine eigenen theoretischen Überlegungen ... führten mich zu gewissen Postulaten, welche das Gebiet der atomphysikalischen Vorstellungen, d. h. des Raum-Zeit-Kontinuums berühren. Damit wird die Frage der transpsychischen Realität, welche der Psyche unmittelbar zugrunde liegt, aufgeworfen.«[33]

[32] Ebd., S. 359 f.
[33] Ebd., S. 360.

WEITERE ERKLÄRUNGSHYPOTHESEN UND DEUTUNGSVERSUCHE

Im Rahmen der Erklärungshypothesen muß noch auf einen weiteren Entwurf verwiesen werden, der aus ideologischen Gründen im Ostblock von großer Bedeutung ist, der aber angesichts des verbreiteten technologischen Denkens sich für viele als attraktiv erweisen kann, die sich dem Problem der Parapsychologie zum ersten Mal nähern. Es geht um die Vorstellung, das paranormale Geschehen, z. B. die Außersinnliche Wahrnehmung, sei auf eine Strahlung rückführbar, auf eine uns noch nicht bekannte Energie, die aber zumindest grundsätzlich faßbar sei. Für den strikten Materialismus liegt diese Erklärung natürlich besonders nahe, da diese Philosophie mit »geistigen« Wirkungen nur insofern etwas anfangen kann, als diese auf eine, wie immer auch sublimierte, Materie zurückführbar sein müssen. Die Alternative für Materie stellt dann die Energie dar, diese aber ist wiederum rückführbar auf Materie.

Der sowjetische Physiologe Leonid L. Wassiliew, einer der bedeutendsten Forscher der UdSSR auf dem Gebiete der Parapsychologie, macht in einer 1962 in Moskau erschienenen Schrift von vornherein die ideologische Bindung seiner Forschung deutlich. Was hier als weltanschauliche Vorentscheidung zu kritisieren ist, dies gibt er gleich an die westliche Forschung als Vorwurf zurück mit der Bemerkung: »Der Leser weiß, daß ausländische Gelehrte und Philosophen, die zum Idealismus neigen, die Telepathie nachdrücklich für ihre Argumentation benutzen und sie aus gewichtigen faktischen Gründen zugunsten ihrer Konzeptionen werten. Bei uns wird sie für einen noch nicht ausgerotteten Aberglauben gehalten, zumal sie mit der materialistischen Weltanschauung nicht übereinstimmt.«[1] Wassiliew betont ausdrücklich, das Studium der Erscheinungen der psychischen Fernwirkung habe auch »eine ideologische, antireligiöse Bedeutung«[2], denn im Kapitalismus würden mit der Parapsychologie »die abergläubischen Vorurteile über die Seele und über die ›Macht‹ des Geistes über die Materie« zu stützen versucht[3]. Die Tatsache der psy-

[1] Leonid L. Wassiliew: Theoretische Bedeutung und praktische Anwendbarkeit der »psychischen Fernwirkung«, in: Hans Bender (Hrsg.): Parapsychologie, Darmstadt 1966, S. 770–787, hier S. 770.

[2] Ebd., S. 774.

[3] Tatsächlich ist die Parapsychologie als Argument in der Auseinandersetzung mit der Weltanschauung des dialektischen Materialismus benutzt worden, z. B. von Rudolf Karisch: Christ und Diamat. Der Christ und der dialektische Materialismus, Berlin ³1958, und zwar gegen ein materialistisches Menschenbild und für die Existenz der Seele, (S. 75 f); »die Materie offenbart nirgendwo Erscheinungen parapsychologischer Natur« (S. 77); schließlich wird, unter Rückgriff auf die spiritistische Hypothese, die »philosophische Überzeugung vom Fortleben der Seele nach dem Tode« als erhärtet bezeichnet »durch die Tatsache zahlreicher Kundgebungen und Erscheinungen Verstorbener« (S. 188); aufgrund des damaligen Informationsstandes heißt es weiter (ebd.): »Über parapsychologische Arbeiten in den kommunistischen Ländern liegen keine Berichte vor. Das ist verständlich; denn das vorliegende Tatsachenmaterial drängt zur Anerkennung einer nichtmateriellen Wirklichkeit, zur Anerkennung der geistigen Seele des Menschen und ihrer Unsterblichkeit und fordert dazu auf, das persönliche Leben auf Erden im Hinblick auf eine transzendente Wirklichkeit

chischen Fernwirkung zieht der Autor keineswegs in Zweifel, vielmehr betont er das, was mancher »Idealist« des kapitalistischen Westens noch immer nicht »glauben« will: »In Wirklichkeit sind Fälle spontaner Telepathie häufig durch Archivdokumente und Aussagen lebender Augenzeugen nicht schlechter nachgewiesen als historische Tatsachen und gerichtliche Untersuchungen ...«[4] Aber Wassiliew hebt nochmals seinen a-priori-Standpunkt hervor: »Es muß angenommen werden, daß dieser Faktor seiner Natur nach energetisch ist.«[5]

Daß eine Energie mit den uns *bekannten* Eigenschaften *nicht* im Spiel ist, darüber sind sich auch die Sowjetforscher einig. Denn Untersuchungsmethoden, mit denen Formen von Radiowellen festgestellt werden, haben die Interpretation von Telepathie und dergleichen als energetisch faßbarer Vorgänge nicht bestätigen können.

Daß das Modell »Radio« lange Zeit vielen Forschern vorgeschwebt hat, ist verständlich[6]. Erinnern wir uns an den Beginn drahtloser Telegraphie: Zeitgenossen

und Zielsetzung zu führen. Die Ergebnisse der parapsychologischen Forschung sind praktische Argumente gegen die materialistischen Hypothesen.«

In der Tat ist die parapsychologische Forschung im Ostblock nicht immer in der gegenwärtigen relativen Freiheit erfolgt. Über die heutige Forschung berichten in journalistischer Form Sheila Ostrander/Lynn Schroeder: PSI. Die wissenschaftliche Erforschung und praktische Nutzung übersinnlicher Kräfte des Geistes und der Seele im Ostblock, Bern–München–Wien [4]1972.

[4] Wassiliew, a. a. O., S. 780 f.

[5] Ebd., S. 786.

[6] Bezeichnend für die Orientierung am Modell technischer Übertragungsmittel für die Erklärung der ASW-Vorgänge ist der Titel des empfehlenswerten Buches von Upton Sinclair: Mental Radio, Springfield 1930. Deutsch: Radar der Psyche, Bern–München–Wien 1973.

vermuteten damals okkulte Kräfte, oder aber zogen die Betrugshypothese heran. Die Psi-Fähigkeiten hat man dann später analog zu interpretieren versucht. So sind deshalb heute noch im Sprachgebrauch der Parapsychologie Begriffe wie »Sender« und »Empfänger« bei Experimenten mit ASW/AGE üblich. Allerdings ist die energetische Theorie in der westlichen Forschung schon früh so sehr erschüttert worden, daß sie kaum mehr eine wesentliche Rolle spielt. Denn gerade an dem Institut Wassiliews wurde die Hypothese des »Gehirn-Radios« wissenschaftlich untersucht, mit dem verblüffenden Ergebnis, daß Versuche mit telepathischer Hypnose erfolgreich verliefen, und zwar über Distanzen bis zu 1700 km und bei Abschirmung von »Sender« und »Empfänger« in Faradayschen Käfigen, womit die uns bekannten Wellenlängen und Energien als ausgeschlossen gelten müssen. Ebenso wenig erfüllt sich bei diesen und anderen Versuchen das Gesetz, daß Wellen im Quadrat zur Entfernung an Stärke verlieren. Versuche mit ASW zeigen, daß die Stärke von der Entfernung unbeeinträchtigt ist[7]. Solche Versuche wurden in Weltraumstationen und U-Booten gemacht. Falls eine Energie im üblichen Sinn im Spiele wäre, müßten bedeutende materielle Barrieren überwunden werden.

Für die energetische Hypothese fehlt bislang jeder Beweis. Damit ist nicht absolut ausgeschlossen, daß Hellsehen und Telepathie auf energetischem Wege erfolgen. Aber diese »Energie« wäre doch qualitativ ganz erheblich zu unterscheiden von den uns physikalisch bekannten Energieformen. So ist es fraglich, ob eine solche

[7] Bei der Psychokinese spielt offenbar die Entfernung eine Rolle.

Suche überhaupt noch einen Sinn hat, jedenfalls dann, wenn damit eine materialistische Weltanschauung gestützt werden soll. Ob ein mechanistischer Energiebegriff hier noch einen Sinn haben kann, läßt sich zumindest bezweifeln[8].

Aber das entscheidende Argument gegen eine mechanistische Erklärung der paranormalen Vorgänge kommt aus einer ganz anderen Richtung: Aus der Beobachtung nämlich, daß in zahlreichen Fällen die Wirkung vor der Ursache liegen müßte. Dies ist ein physikalisch unerklärliches Problem.

Damit sind wir bei der Präkognition angelangt, einem der Kernstücke der parapsychologischen Forschung, das sich, sobald man es einmal genauer zu durchleuchten versucht hat, als so spannend erweist, wie die gesamte Fragestellung des Spiritismus, einschließlich der Spukvorgänge, denn es ist von ungeheurer weltanschaulicher Relevanz.

Die Präkognition muß als erwiesen bezeichnet werden, so überraschend dieses Phänomen auch erscheinen mag. Bender in einem Interview: »Es gibt auch echte Präkognition – das ist das beunruhigendste Ereignis auf dem Gebiet der Parapsychologie –, also das Vorauswissen des nicht Erschließbaren. Und hier stellt sich die Frage: Kann überhaupt eine Energie im physikalischen Sinn eine Rolle spielen? Denn ein späteres Ereignis kann ja nicht Energiequelle für einen vorher entstandenen Eindruck sein, denn das Ereignis gibt es noch gar nicht. Wenn es also Präkognition gibt, dann ist es ein nicht-

[8] Vgl. zu dieser Frage den Beitrag von Hans Bender: Hans Berger und die energetische Theorie der Telepathie, in: Bender: Telepathie, Hellsehen und Psychokinese, München 1972, S. 31–39.

kausaler Vorgang, der nun eben das ungeheure Problem darstellt: Wie steht es mit der Zeit? Hier gibt es einfach noch keine wirklich befriedigende Hypothese, aber man kann sagen, daß die Physiker sich damit beschäftigen. Es ist Sache der Physiker vor allem, die paranormalen Tatsachen in ein physikalisches Weltbild einzugliedern.« [9]

Die Präkognition ist natürlich das ideale Feld für all jene, die derartige Phänomene in den Bereich des Zufalls abschieben möchten. Aber über diesen sogenannten Zufall ist noch nicht das letzte Wort gesprochen. Ohne hier gleich jegliche Banalität in einen Sinnzusammenhang mit irgendeinem anderen Ereignis bringen zu wollen, gibt es nun doch einige Beobachtungen, die den Begriff »Zufall« nicht mehr so ganz leicht über die Lippen gehen lassen [10].

Wir geben hier ein Beispiel zum Thema Präkognition, das zwar weniger spektakulär ist als die Voraussage der Ermordung der Kennedys, das aber in bezug auf Sicherheit und Zuverlässigkeit besonders gründlich überprüft wurde. (Erfahrungsgemäß wollen viele Gesprächspartner alle Vorgänge selbst erlebt haben, um ihnen »Glauben« schenken zu können; wenn man in dieser Situation Beispiele aus entlegenen Kulturen und fernen Zeiten anführen möchte – etwa die Traumdeutungen Josephs in Ägypten, die dem Modell nach als präkognitiv verstanden werden können – dann macht man ein Gespräch

[9] Tonband-Interview 1971.

[10] Vgl. Arthur Koestler: Die Wurzeln des Zufalls, Bern–München–Wien 1972, vor allem S. 90 ff.

Sowie: Arthur Koestler: Physik und Synchronizität, in: PSI und PSYCHE. Neue Forschungen zur Parapsychologie. Festschrift für Hans Bender. Herausgegeben von Eberhard Bauer, Stuttgart 1974, S. 111–120.

von vornherein unmöglich.) Die präkognitiven Informationen, die hier genannt werden, stammen aus Benders Institut, sind Gegenwart und müssen also nicht eines unbekannten kulturgeschichtlichen Kontextes entkleidet werden.

Sie haben noch einen weiteren Vorteil: die Aussagen werden archiviert, *bevor* sich die Ereignisse bewahrheiten. Es geht um den Fall der Schauspielerin Christine Mylius, der inzwischen ein Dissertationsthema geworden ist. Seit 19 Jahren hinterlegt Frau Mylius schriftlich ihre Traumaufzeichnungen im Freiburger Institut für Parapsychologie. Schon in ihrer Jugend nämlich konnte sie sich bei bestimmten Erlebnissen daran erinnern, dieses Geschehen bereits einmal geträumt zu haben. Nun kann man im Nachhinein manches deuten und umdeuten, Verifizierungsmöglichkeiten sind praktisch nicht vorhanden. Bender ging mit Frau Mylius den umgekehrten Weg: er ließ sie ihre Träume aufschreiben und im Institut hinterlegen, es sind inzwischen fast 2500 Aufzeichnungen. Wenn sich dann nachträglich ein Geschehnis einstellt, das mit einem bestimmten Traum in einem signifikanten Zusammenhang stehen könnte, dann läßt sich das Geschehen mit den Aufzeichnungen. vergleichen. Um nur einen kleinen Hinweis zu geben: Frau Mylius träumte von Schnee in der Sahara etc., Dinge recht absurden Inhalts, aber sie erlebte Jahre später dies realiter bei Filmaufnahmen[11].

[11] Dazu das Kapitel, Der Fall Gotenhafen. Zur Frage präkognitiver Träume und ihrer Motivation, in: Hans Bender: Verborgene Wirklichkeit, Olten und Freiburg 1973, S. 64–79.

Wo nun nehmen wir im Sinne einer mechanistischen Deutung eine Strahlung her von einem Film, der, wie in diesem Fall, zum Zeitpunkt des Traumgeschehens noch gar nicht geplant war, eine Strahlung, die zurück auf einen davorliegenden Traum wirken könnte? Die Präkognition ist durch solche und viele andere Beispiele in ihrer Faktizität bewiesen. Aber sie stellt uns vor neue ungelöste und vielleicht unlösbare Rätsel. Die Kausalität erweist sich als eine nicht absolute Größe, und zweitens, der Zeitverlauf, der uns normalerweise nur als von der Vergangenheit über die Gegenwart in die Zukunft gerichtet vertraut ist, dieser Zeitverlauf erweist sich ebenfalls als relativ.

Daß sich hier, bei aller Banalität des im Einzelfall inhaltlich vielleicht gänzlich irrelevanten Traumgeschehens oder sonstigen präkognitiven Erkennens, ungeheure Konsequenzen für unser Weltbild ergeben, dürfte deutlich geworden sein. Wenn nämlich unsere Zeitkategorie nicht immer und in allen Fällen absolut gültig ist, dann ist dies, zumindest für philosophisch Interessierte, eine erregende Einsicht, die wir der Parapsychologie verdanken. Man mag sich hier an eine alte theologische Spekulation erinnern, die *Gott* als den *Punkt* im Kreise versinnbildlichte, wobei der *Umkreis* den *Zeitverlauf* darstellte: Gott, für den »tausend Jahre wie ein Tag und ein Tag wie tausend Jahre sind«, Gott ist zu allen Zeitepochen und Momenten in diesem Bilde gleichzeitig! Hier soll kein Zusammenhang zwischen Theologie und Parapsychologie konstruiert werden, es gilt nur, auf die philosophische Problemnähe hinzuweisen.

Bender resümiert die Bedeutung der Präkognition im Zusammenhang mit energetischen Deutungsversuchen:

»Man kennt die Argumentation Rhines, daß die drei Modalitäten der außersinnlichen Wahrnehmung auf eine basale Psi-Funktion hinweisen, die er als das nichtphysikalische Wirken der Psyche bezeichnet. Mit Sicherheit trifft diese Kennzeichnung auf Präkognition zu, bei der alle Überlegungen über eine vermutliche physikalische Beziehung zwischen zwei Gehirnen oder zwischen einem unbekannten Reiz und einem unbekannten Rezeptor hinfällig werden, da ein in der Zukunft liegender Vorgang nicht gegen den Strom der Zeit energetische Ursache eines vorher entstandenen Eindrucks sein kann.«[12]

Auch aus philosophischer Sicht ergeben sich aus der Präkognition eine Fülle von Problemen. Das Zeitproblem wurde bereits mehrfach erwähnt, ein anderes ist die Frage der Willensfreiheit angesichts der Tatsache, daß in Einzelfällen zukünftige Geschehnisse präkognitiv erfaßt werden können. Und schließlich gilt es, darüber nachzudenken, welche Wirklichkeit diesem Zukünftigen zukommt, wenn es bereits vor dem Eintreffen geschaut wird.

Der Philosoph Anton Neuhäusler hat sich mit diesem Problemkomplex befaßt und es sei deshalb auf seine Arbeiten hingewiesen. »Die Durchdenkung des Phänomens der Praekognition nötigt uns, zweierlei Seiendes anzunehmen, ein materielles und ein ideelles. Sie sind in jedem Gegenstand und Ereignis verbunden. Das ideelle ist zeitlos, das materielle zeitlich, dem Nacheinander unterworfen. In der ideellen Komponente ist dann je alles ›schon da‹, in der materiellen jedoch ist ›noch nicht‹

[12] Vgl. Anm. 8, ebd., S. 33.

alles da, in ihr muß sich konkret ein Ereignis nach dem anderen vollziehen. Beide sind aufeinander bezogen wie ›Idee und Ausführung‹ ... Wenn Freiheit die Fähigkeit ist, zu bestimmen, was *noch nicht* bestimmt ist, dann darf auch der Akt dieser Bestimmung selbst noch nicht bestimmt sein. Dann aber kann er nicht als Faktum gesehen werden ...

Die Entscheidung für oder gegen die menschliche Freiheit wird unabhängig von der Tatsache der Praekognition entschieden ... Es mag uns genügen einzusehen, daß Praekognition weder Zeit noch Freiheit illusorisch macht, daß aber auch von diesen beiden zentralen metaphysischen Problemen her kein Argument vorliegt, Praekognition a priori für unmöglich zu halten. Von anderer Seite her, etwa von einem physiologischen Dogmatismus aus, besteht sowieso kein gewichtiges Argument gegen sie – es sei denn das Palmströmsche: daß nicht sein kann was nicht sein darf.« [13] Diese wenigen Zitate sollen nicht als eine philosophische Lösung der anstehenden Probleme verstanden werden, sondern sie wollen diese Probleme selbst nur bewußt machen.

Die Darlegungen zum Thema Präkognition haben bereits notwendig gemacht, auf die Relativität von Raum und Zeit bei bestimmten paranormalen Phänomenen zu verweisen. Sowohl die animistische als auch die spiritistische Erklärungshypothese müssen jeweils diese Kon-

[13] Anton Neuhäusler: Praekognition, Zeit und Freiheit, in: Bender (Hrsg.): Parapsychologie, Darmstadt 1966, S. 797–809, hier S. 809. Vgl. ferner von diesem Autor: Telepathie, Hellsehen, Praekognition, Bern–München 1957, sowie den Beitrag: Einige Hypothesen zur Erklärung parapsychischer Phänomene, in PSI und PSYCHE, a. a. O., S. 145–158.

sequenz ziehen. Die offenbare Raum- und Zeitunabhängigkeit hat noch weitere Deutungsversuche angeregt, die hier referiert werden sollen. In einem Fall entsteht der Eindruck, als liege dem Modell zur Interpretation eine panmaterialistische Weltanschauung zugrunde, im anderen Falle – es handelt sich dabei um die schon ältere Synchronizitätshypothese von C. G. Jung – sind eher pantheistische Vorstellungen dominierend.

Zum ersteren greifen wir auf die Darlegungen von Wolfgang Büchel zurück, der seine von Gedankengängen der Quantenphysik ausgehende Interpretation ausdrücklich »materialistisch« nennt, allerdings mit Anführungszeichen versehen [14].

Psi-Phänomene, einschließlich der sogenannten Spukerscheinungen, sind für den Physiker und Philosophen Büchel Fakten. Eine Ablehnung der Faktizität bezeichnet er als eine weltanschauliche Vorentscheidung, die wissenschaftlich nicht gedeckt sei. Während Büchel noch in einem Aufsatz aus dem Jahre 1968 paranormale Phänomene in starker Nähe zur animistischen Interpretationsweise psychogen deutete [15], glaubt er vier Jahre später, die »psychistisch-animistische« Interpretation durch seine materialistische mit weniger Schwierigkeiten ersetzen zu können. (Dazwischen liegt der Abschied von der katholischen Theologie, womit hier nur angedeutet werden soll, daß mit den naturphilosophischen Über-

[14] Wolfgang Büchel: Naturphilosophische Bemerkungen zur Parapsychologie, in: Zeitschrift für Paraspychologie und Grenzgebiete der Psychologie, Jg. 14, Nr. 2/3, S. 68–101, hier S. 68.

Ergänzend: Wolfgang Büchel: Physik und Parapsychologie, In: PSI und PSYCHE, a. a. O., S. 12–17.

[15] Wolfgang Büchel S.J.: »Spuk« und Wunder, in: Stimmen der Zeit, 181. Band, 1968, S. 387–398.

legungen auch ganz konkrete Entscheidungen verbunden sein können, womit nur erneut die weltanschauliche Relevanz des Paranormalen unterstrichen wird.)

In seinem späteren Aufsatz lehnt Büchel eine Argumentation ab, die in den paranormalen Phänomenen eine Überlegenheit des Psychischen über das Materielle erkennen wolle, oder gar, wie in spiritistischen Denkkategorien, einen Beweis für Unsterblichkeit. Büchel: »Wenn derartige Folgerungen schlüssig wären, würde die intellektuelle Redlichkeit fordern, sie zu akzeptieren. Aber während eine oberflächliche Betrachtung der parapsychologischen Phänomene in der Tat in die angedeutete Richtung zu weisen scheint, ergibt eine genauere naturphilosophische Betrachtung eher das Gegenteil: Gerade wenn man die einschlägigen Berichte und Tatsachen ganz ernst nimmt, ergibt sich kein Hinweis auf wesentliche Immaterialität, auf bewußtes Weiterleben nach dem Tod oder auf einen göttlich-welttranszendenten Ursprung der Wundergeschehnisse.« [16]

Wenn Büchel im folgenden ausführlich referiert wird, so deshalb, weil zu erwarten steht, daß sein Denkmodell, so problematisch es auch sein mag, zahlreiche Anhänger finden wird. Dies muß nicht unbedingt durch eine weltanschauliche Vorentscheidung im Sinne des Materialismus bedingt sein, sondern kann auch durch eine technisch-mechanistische Denkweise bewirkt werden, die nun, wenn auch in der Feinstruktur des atomphysikalischen Modells, eine, wie immer auch habhaft zu machende und verstehbare, materielle Grundlage entdecken möchte.

[16] Vgl. Anm. 14, a. a. O., S. 70.

Daß Büchel angesichts seines theologischen Hintergrundes die metaphysische Fragestellung nicht übersieht, liegt nahe, und er läßt sie durchaus auch in seinem materialistischen Gesamtkonzept bestehen. Seine Interpretation verstehe sich als »hypothetische Extrapolation gesicherter empirischer Erkenntnisse«, er versuche damit »eine zwar hypothetische, aber doch bestmöglich begründete Antwort ... auf die Fragen, was der Mensch sei, woher er komme und wohin er gehe, auf Fragen also, die immer nur zu einem Teil durch empirische Forschung schlüssig beantwortet werden können und gegenüber deren unbeantwortetem Rest der Mensch sich doch nie mit einem bloßen Ignoramus abfinden will und kann«[17].

Wunderinterpretation (im Sinne traditioneller Theologie als Hereinwirken personaler Mächte) und spiritistische Hypothese (im oben definierten Sinne) stehen für Büchel nicht mehr zur Diskussion; für die animistische und seine eigene materialistische Interpretation führt er den Oberbegriff »psychistisch« ein. Bei der Unterscheidung dieser beiden »psychistischen« Theorien macht er deutlich, wie er seinen Standpunkt verstanden wissen will: »Dabei nimmt die *animistische* Deutung als Träger des bewußten und unbewußten Psychischen ein von der Materie verschiedenes und ihr überlegenes eigenes Prinzip im lebenden Wesen an, eine menschliche oder tierische Seele oder Entelechie, während die *materialistische* Deutung das gesamte psychische Geschehen und damit auch die parapsychologischen Phänomene auf ein speziell angeordnetes Zusammenwirken derselben

[17] Ebd.

materiellen Elemente zurückführt, die von Physik und Chemie studiert werden.« [18]

Büchel sucht offenbar nicht eine Energie oder Strahlung im Sinne der sowjetischen Parapsychologen, steht aber philosophisch deren Materialismus nahe.

Nun aber zur Deutung der paranormalen Phänomene selbst. Von der These ausgehend, »daß weder im biologischen, noch im psychologischen Bereich, auch nicht in den introspektiven Gegebenheiten des Bewußtseins, Phänomene aufweisbar sind, von denen sich einigermaßen schlüssig nachweisen ließe, daß sie sich grundsätzlich nicht auf eine computerartige Kombination physikalisch-chemischer Elemente zurückführen ließen« [19], also von dieser schwerwiegenden These ausgehend betont Büchel, Telepathie und Präkognition dürften nicht als Beweis für die Materieüberlegenheit des Lebendigen angeführt werden, denn die Atomphysik wisse, daß die Elementarteilchen der Materie die Schranken von Raum und Zeit überwinden:

»In der Quantenphysik stellt sich also das gleiche Problem der Überwindung räumlicher und zeitlicher Schranken wie in der Parapsychologie. Eine Lösung des Problems bietet die Quantenphysik nicht, und eine solche Lösung ist wahrscheinlich auch in Zukunft nicht zu erwarten; denn sie würde voraussetzen, daß wir eine adäquate, objektivierbare physikalische Beschreibung der unräumlichen und unzeitlichen Struktur der mikrophysikalischen Objekte erarbeiten könnten ... Die Pa-

[18] Ebd., S. 72.

[19] Ebd., S. 74; Büchel macht seine Aussage jedoch kaum klarer durch die Einschränkung, »daß damit nicht gesagt ist, das Leben sei ›rein physikalisch-chemisch erklärbar‹ «.

rapsychologie weist nach der gegenwärtigen Kenntnis und hinsichtlich der Überwindung räumlich-zeitlicher Schranken gegenüber der Mikrophysik keine wesentlich neuen Probleme auf; also besteht von hier aus kein Anlaß, für die Parapsychologie Faktoren zu fordern, die nicht auch schon in der Mikrophysik wirksam wären.« [20]

Und Büchel fügt hinzu, es sei gerade diese Problemverwandtschaft, die führende Quantenphysiker (Pauli und Jordan z. B.) Interesse für Parapsychologie erwekken lasse. Büchel meint nun weiter, der hergestellte Zusammenhang erfordere, daß paranormale Vorgänge »irgendwie der Mikrophysik zugeordnet werden« [21]. Andererseits aber sei der physiologische Prozeß im Nervensystem ein makrophysikalischer. So stehe also die materialistische Interpretation in Übereinstimmung mit der Empirie, »daß im Bewußtsein des Telepathen bzw. Hellsehers, welches an die Nervenprozesse im Gehirn gekoppelt ist, der ›Sprung‹ über räumlich-zeitliche Schranken nicht in sich selbst erlebt wird, sondern daß nur die Objekte, welche durch den Sprung erreicht wurden, gefühlt oder geschaut werden, das heißt, daß sich der Sprung selbst im Unbewußten vollzieht« [22].

In seiner, hier verkürzt und ohne die fachlich physikalischen Details wiedergegebenen Argumentation kommt Büchel auch auf den ortsgebundenen Spuk zu sprechen. Auch für dieses so schwierig zu deutende Phänomen hat Büchel eine Interpretation bereit, die sich in seine Hypothese einfügen läßt.

[20] Ebd., S. 81 f.
[21] Ebd., S. 84.
[22] Ebd.

»Präkognition ist wie Telepathie rezeptive Informationsaufnahme, doch nicht über räumliche, sondern über zeitliche Distanzen hinweg. Wenn die Telepathie in der Psychokinese ihr aktiv gestaltendes Gegenstück hat, dann ist Entsprechendes auch von der Präkognition zu erwarten. Dieses Gegenstück müßte etwa so aussehen, daß das Medium ›in die Zukunft hinein‹, also am deutlichsten in der Zeit nach seinem Tod, Phänomene hervorruft, die einen Ausdruck bewußter oder unbewußter psychischer Spannungen oder Erschütterungen darstellen, welche das Medium während seiner Lebenszeit durchmachte. Dabei wäre durchaus zu erwarten, daß die Wirkungen, die von den nach dem Tod hervorgerufenen Phänomenen ausgelöst werden, auf präkognitivem Weg schon zu Lebzeiten des Mediums dessen Unbewußtem zugeleitet werden und so zur Lösung oder auch Verstärkung der psychischen Spannung beitragen können.« [23]

Die »Umwege« in der Argumentation Büchels mögen hier wieder die alte Bemerkung anklingen lassen, der Spiritismus sei doch wohl die »einfachere« Erklärung. Nun, solche Umwege macht eben nicht nur der materialistische Interpret, sondern auch der animistische. Es ist weniger die Umwegigkeit Büchels als die philosophische Vorentscheidung, die seine Hypothese bedenklich macht: die Identität der (idealistisch formuliert) Psyche mit ihren Wirkungen und Einwirkungen im Materiellen. Büchels Quintessenz zur Frage des Überlebens lautet folgerichtig:

»Die materialistische Deutung der Parapsychologie gibt eine klare Antwort: Das Hinauswirken über den

[23] Ebd., S. 94.

Tod liegt wesentlich im Unbewußt-Mikrophysikalischen und hat mit einer Fortdauer des individuellen Bewußtseins über den Tod hinaus nichts zu tun – wie ja auch Psychokinese über räumliche Distanzen hinweg nicht bedeutet, daß sich das Bewußtsein des Mediums an den Ort der psychokinetischen Effekte begebe. Dem entspricht der früher erwähnte empirische Befund von Schamoni, daß wiedererweckte wirklich Tote keine Erinnerungen an ein Jenseits mitbringen.«[24]

Man kann sich des Eindrucks nicht erwehren, daß Büchel mit seiner Interpretation des paranormalen Geschehens in den alten Mechanismus materialistischer Prägung zurückfällt, wobei der einzige Fortschritt darin zu sehen ist, daß er den groben Vulgärmaterialismus, der durch die physikalischen Erkenntnisse überholt ist, verläßt. Prinzipiell allerdings ist durch die Einbeziehung der Mikrophysik dieser mechanistische Materialismus nicht überwunden. Wie anders sollte es interpretiert werden, wenn Büchel, wie bereits zitiert, »das gesamte psychische Geschehen ... auf ein speziell angeordnetes Zusammenwirken derselben materiellen Elemente zurückführt, die von Physik und Chemie studiert werden«[25].

Daß man, ausgehend von den Entdeckungen der Quantenphysik, auch zu ganz anderen Ergebnissen kommen kann, demonstrierte Arthur Koestler in seinem Bestseller »Die Wurzeln des Zufalls«. Die Parallele von Parapsychologie und Physik umreißt Koestler so: »Die

[24] Ebd., S. 95. Büchel bezieht sich hier auf Wilhelm Schamoni: Auferweckungen vom Tode. Aus Heiligsprechungsakten übersetzt, Bigge/Ruhr 1968.

[25] Ebd., S. 72.

parapsychologische Forschung ist strenger, statistischer geworden und weitgehend computerisiert, die theoretische Physik dagegen ›okkulter‹, indem sie übermütig beinahe jedes vormals geheiligte ›Naturgesetz‹ brach ... Die Paraspychologie hat sich den Vorwurf wissenschaftlicher Pedanterie ausgesetzt, die Quantenphysik dem Vorwurf der Beschäftigung mit solchen ›übernatürlichen‹ Vorstellungen wie negativer Materie und rückwärts laufender Zeit.«[26]

Koestlers Einführung in den Problembereich Parapsychologie ist insbesondere für naturwissenschaftlich orientierte Skeptiker eine lohnende Lektüre. Koestler beherrscht nicht nur die Materie, die den Naturwissenschaftler interessiert, sondern er kennt auch die psychischen Barrieren, die das Akzeptieren der Faktizität behindern. Er bezeichnet sich selbst als einen »widerstrebend Bekehrten«[27], womit er aber gerade nicht sagen will, er sei ein Gläubiger geworden. Wenn Koestler auch kein ausdrückliches Bekenntnis zum philosophischen Realismus abgibt, zeigt sich doch eine deutlich andere Konsequenz als die referierte Einstellung Büchels: »Die Annäherung der Begriffswelten der Parapsychologie und der modernen Physik stellt einen wichtigen Beitrag zur Abschaffung des größten Aberglaubens unserer Zeit dar – des materialistischen Uhrwerk-Universums der Physik des frühen neunzehnten Jahrhunderts. ›Daß es *nur Materie* und keinen Geist gebe‹, schrieb Firsoff, ›ist eine höchst unlogische Behauptung, die von den Erkenntnissen der modernen Physik weit entfernt ist,

[26] Arthur Koestler: Die Wurzeln des Zufalls, a. a. O., S. 7.
[27] Ebd., S. 17.

welche zeigt, daß es Materie in der traditionellen Bedeutung des Begriffs nicht gibt‹.«[28]

Koestler bringt zum Schluß seines Buches ein Zitat des Oxforder Philosophen H. H. Price. Dieser vertritt die Auffassung, Parapsychologie könne das bedeutendste Forschungsgebiet sein, das der menschliche Geist je in Angriff genommen habe, sie werde wahrscheinlich ein »gänzlich neues Schlaglicht auf das Wesen der menschlichen Persönlichkeit und auf ihre Stellung im Universum werfen«[29].

Ebensowenig wie Büchels materialistischer Ansatz die paranormalen Phänomene erklärt, ebenso wenig vermag dies die sogenannte Synchronizitätstheorie, die der Psychologe Carl Gustav Jung zusammen mit dem Physiker Wolfgang Pauli entwickelt hat. Es handelt sich um eine Deutung, die sich auch auf Phänomene bezieht, die außerhalb des Bereiches der Parapsychologie liegen (namentlich die Astrologie).

»Synchronizität als ein Prinzip akausaler Vorgänge« heißt der Beitrag Jungs aus dem Jahre 1952[30], in dem er ausführlich seine Gedanken niederlegt. Bereits das Adjektiv »akausal« macht deutlich, daß hier ein Prinzip berührt wird, das für die gängige Wissenschaftstheorie unabdingbar erscheint, die Kausalität. Jung geht aus von den Erkenntnissen der modernen Physik und schreibt: »Wenn der Zusammenhang von Ursache und Wirkung sich als nur statistisch gültig und als nur relativ wahr herausstellt, dann ist auch das Kausalprinzip in letzter

[28] Ebd., S. 83 f.

[29] Ebd., S. 154.

[30] In C. G. Jung: Die Dynamik des Unbewußten, Zürich–Stuttgart 1967, Gesammelte Werke, Band 8, S. 475–577.

Linie nur relativ zur Erklärung von Naturvorgängen verwendbar und setzt eben damit das Vorhandensein eines oder mehrerer anderer Faktoren, die zur Erklärung nötig wären, voraus.«[31]

Im folgenden bringt Jung eine Reihe von Beispielen über sogenannte Zufallsereignisse, die in einem Sinnzusammenhang stehen, aber nicht in einem kausalen Verhältnis. Jung referiert ein Beispiel von Wilhelm Scholz und faßt es folgendermaßen zusammen: »Unter anderem erwähnt er den Fall einer Mutter, die von ihrem vierjährigen Söhnchen im Schwarzwald eine photographische Aufnahme machte. Sie ließ den Film in Straßburg entwickeln. Wegen des Kriegsausbruches (1914) konnte sie den Film nicht mehr abholen. Sie gab ihn verloren. 1916 kaufte sie sich in Frankfurt a. M. wieder einen Film, um von ihrem inzwischen geborenen Töchterchen eine Aufnahme zu machen. Bei der Entwicklung erwies sich der Film als doppelt belichtet: das zweite Bild war die Aufnahme, die sie 1914 von ihrem Söhnchen gemacht hatte! Der alte, nicht entwickelte Film war irgendwie unter neue Filme und so wieder in den Handel geraten.«[32]

Solche »Zufälle« nennt Jung »synchronistisch«. Zur Definition: »Es ist wohl angebracht, auf die Möglichkeit eines Mißverständnisses hinzuweisen, das durch den Ausdruck Synchronizität veranlaßt werden könnte. Ich habe diesen Terminus gewählt, weil mir die Gleichzeitigkeit zweier sinngemäß, aber akausal verbundener Ereignisse als ein wesentliches Kriterium erschien. Ich gebrauche hier also den allgemeinen Begriff der Synchro-

[31] A. a. O., S. 479.
[32] Ebd., S. 489 f.

nizität in dem speziellen Sinne von zeitlicher Koinzidenz zweier oder mehrerer nicht kausal aufeinander bezogener Ereignisse, welche von gleichem oder ähnlichem Sinngehalt sind. Dies im Gegensatz zu ›Synchronismus‹, welcher die bloße Gleichzeitigkeit zweier Ereignisse darstellt.«[33]

Unter der Überschrift »Die Vorläufer der Synchronizitätsidee« kommt dann Jung auf die chinesische Philosophie zu sprechen und gibt mit dieser den »synchronistischen Zufällen« eine pantheistische Deutung.

»In der chinesischen Philosophie gibt es seit alters einen zentralen Begriff, dessen Bezeichnung als *Tao* die Jesuiten mit ›Gott‹ übersetzt haben. Dies ist aber nur im okzidentalen Sinn richtig ... R. Wilhelm hat in genialer Weise Tao als *Sinn* gedeutet. Der Begriff des Tao beherrscht das ganze weltanschauliche Denken Chinas. Diese Bedeutung hat bei uns die Kausalität, aber sie hat sie erst im Laufe der letzten zwei Jahrhunderte erreicht, dank dem nivellierenden Einfluß der statistischen Methode einerseits und dem beispiellosen Erfolg der Naturwissenschaft andererseits, wobei das metaphysisch begründete Weltbild allerdings in Verlust geraten ist.«[34]

Offenbar ist Synchronizität für Jung nicht nur ein Sinnzusammenhang, sondern weist auch gleichzeitig auf einen Sinnträger, ein Tao, des Ganzen hin. Die Synchronizität will Jung als viertes Prinzip der Triade von Raum, Zeit und Kausalität angeschlossen wissen (denn diese drei verlieren ja nicht ihre Bedeutung). »Es handelt sich bei der Synchronizität nicht um eine philosophische Ansicht, sondern um einen empirischen Begriff,

[33] Ebd., S. 500 f.
[34] Ebd., S. 542 f.

der ein der Erkenntnis notwendiges Prinzip postuliert. Das ist weder Materialismus noch Metaphysik.«[35] Und einige Seiten weiter verallgemeinert er das Prinzip: »Ich neige in der Tat der Annahme zu, daß *die Synchronizität im engeren Sinne nur ein besonderer Fall des allgemeinen ursachelosen Angeordnetseins* ist, und zwar derjenige der Gleichartigkeit psychischer und physischer Vorgänge, wobei der Beobachter in der vorteilhaften Lage ist, das tertium comparationis erkennen zu können. Mit der Wahrnehmung der archetypischen Grundlage gerät er aber auch in die Versuchung, die Assimilation gegenseitig unabhängiger psychischer und physischer Vorgänge auf eine (kausale) Wirkung des Archetypus zurückzuführen und damit deren bloße Kontingenz zu übersehen. Diese Gefahr wird vermieden, wenn man die Synchronizität als einen Sonderfall des allgemeinen Angeordnetseins betrachtet.«[36]

In einer kürzeren Arbeit aus dem Jahre 1951 »Über Synchronizität« hatte Jung geschrieben: »Der Begriff erklärt nichts, sondern formuliert bloß das Vorkommen von sinngemäßen Koinzidenzen, die zwar an sich Zufälle sind, aber eine derartige Unwahrscheinlichkeit besitzen, daß man annehmen muß, sie beruhten auf einem Prinzip ...«[37]

Damit sind wir bei den manifesten aber unerklärten Phänomenen der Parapsychologie wieder angekommen, in der die Synchronizitätstheorie als ein Deutungsansatz durchaus ernst genommen wird. Hans Bender steht

[35] Ebd., S. 569 f.

[36] Ebd., S. 574.

[37] C. G. Jung: Über Synchronizität, a. a. O., S. 579–591, hier S. 590.

dabei Jung nahe, wenn er, auf die Deutungsmöglichkeiten paranormaler Erscheinungen angesprochen, in einem Interview antwortete:

»Eines kann man mit Sicherheit sagen, daß die extreme Trennung, die wir als teilweise cartesisches Erbe in unserer Naturphilosophie übernommen haben (hie Materie – res extensa, hie Psyche/Geist – res cogitans), daß dieser Abgrund mit Sicherheit nicht existiert, sondern daß hier andere Beziehungen da sind, die ich nun extrem formulieren werde, und zwar mit einem Gedanken von Carl Gustav Jung: es sieht so aus, als ob die Vorgänge, die hinter dem beobachtbaren physikalischen Vorgang im Grunde liegen, aber nicht mehr beobachtbar sind, und die Vorgänge, die hinter den psychischen Erscheinungen, seien sie bewußt oder unbewußt, im Grunde liegen, daß die ein und dasselbe sind, weder physisch noch psychisch, sondern ein neutrales Drittes. Das wäre der Weltgrund, das wäre ein unus mundus, eine einheitliche Welt, so wie die Alchimisten sie konzipiert haben, das wäre eine Welt, wie etwa in der chinesischen Begriffswelt, die den Begriff des Tao kennt, und das ist nun verbunden zugleich mit der Sinnfrage, daß dieser Weltgrund ein Sinnträger ist. Das ist nun die endgültige Absage an ein mechanistisches Unverständnis der Welt.«[38]

In einem Rundfunkvortrag fügte Bender ein Beispiel aus eigener Erfahrung ein, das das »Gleichsinnigkeitsprinzip« nochmals zu erläutern vermag.

»Ein Fall aus meiner nächsten Verwandtschaft, einwandfrei dokumentiert: als 14jähriges Mädchen be-

[38] Tonband-Interview 1973.

suchte Frau G. mit ihren Eltern, einem jüngeren und einem älteren Bruder, den Mont-Saint-Michel an der französischen Ostküste. Während die Älteren die Abtei besuchten, besah sie mit ihrem jüngeren Bruder die vielen parkenden Autos und kletterte in einen besonders schönen Wagen. Ein Chauffeur – berichtete sie indigniert – habe sie in einer fremden Sprache angeschnauzt und herausgeworfen. Acht Jahre später lernte sie in München ihren zukünftigen Mann kennen – einen skandinavischen Ingenieur. Verheiratet blätterte sie in seinen Photoalben und fand ein Bild vom Mont-Saint-Michel mit dem Wagen und dem Chauffeur: sie war in das Auto ihres späteren Mannes gestiegen. Die eigentliche Pointe ist nun diese: so wie sie aus dem Auto herausgeworfen wurde, ist sie Jahre später durch Verschulden des Mannes aus der Ehe herausgeworfen worden. Die Scheidung lag Jahrzehnte als ein Schatten über ihrem Leben. Ein zufälliges Ereignis, aber sinnvoll: man kann sich kaum des Eindrucks erwehren, es als eine Art Orakel für eine zukünftige Entwicklung zu betrachten. Hätte Frau G. die Sache mit dem Auto geträumt und vielleicht eine Zeichnung von der Traumszene angefertigt, wäre es nahegelegen, einen präkognitiven, Zukunft vorwegnehmenden Traum anzunehmen. Ein Fahrzeug tritt oft in Träumen als Symbol einer Triebsituation auf und es wäre plausibel gewesen, den Hinauswurf aus dem Auto als gleichnishaft-anschauliche Darstellung der Scheidung zu deuten. Nun hat sie die Szene nicht geträumt, sondern wirklich erlebt. Mit den Begriffen der Parapsychologie ist das Sinnvolle dieser Begebenheit nicht zu erfassen. Ich sprach über diesen und andere Fälle mit Carl Gustav Jung, dem großen Schweizer Psychologen, der diesen paranormalen Erfahrungen während seines ganzen Lebens als Wissenschaftler die größte Beachtung schenkte. Er gab zu verstehen: ob geträumt oder wirklich erlebt, es ist ein und dasselbe. Es äußern sich darin dieselben hintergründigen Beziehungen zwischen Natur und Psyche. Das Außergewöhnliche liegt nicht in bestimmten Fähigkeiten zur außersinnlichen Wahrnehmung, sondern im Ereignis selbst. Das kausal nicht zu Begreifende, anscheinend ›Wunderbare‹ kann eintreten, wenn sich die Psyche in einer Verfassung befindet, in der tiefliegende Dispositionen des kollektiven Unbewußten aktiviert sind. Diese Archetypen genannten, mit starker psychischer Energie geladenen Dispositionen können dann zu Durchbrüchen durch die Raum- und Zeitmauer führen und als ›anordnende Operatoren‹ außerhalb des Raum-Zeitkontinuums zu solchen sinnvollen Koinzidenzen – Übereinstimmungen – führen. Es handelt sich um eine Gleichsinnigkeit, die sich in einem Strukturgefüge vollzieht, das die dreidimensionale Welt überschreitet, um Vorgänge, die aufeinander bezogen sind, ohne daß eine ursächliche Verknüpfung nachweisbar wäre.« [39]

[39] Rundfunkvortrag von Hans Bender: Von sinnvollen Zufällen, Reihe: Die Aula, SWF II, 8. 7. 1973, Manuskript S. 11–13.

GEGNER DER PARAPSYCHOLOGIE

Nach Darlegung des Forschungsgegenstandes der Parapsychologie und, andeutungsweise, ihrer Methodik sollen einige Äußerungen von Gegnern der Wissenschaft von den paranormalen Phänomenen angeführt werden. Diese Kritik, mit und ohne Niveau geführt, hat zumindest einen lobenswerten Aspekt vorzuweisen, auch wenn dieser gänzlich außerhalb der Absicht der Gegner der Parapsychologie gelegen haben mag: Kein Forscher, der ernst genommen werden will, kann es sich heute leisten, nachlässig zu recherchieren (was es in anderen Fachgebieten durchaus auch gibt) oder auf Vertrauen die Berichte von Okkultgläubigen für bare Münze zu nehmen; sehr rasch würde er nämlich von den hyperkritischen Beobachtern als Scharlatan oder als betrogener Betrüger bloßgestellt. Die Enthüllungskampagnen gegen spiritistische Medien haben nicht zuletzt bewirkt, daß die Forschung immer raffiniertere Methoden der Untersuchung und Abschirmung gegenüber Betrugsmanövern erfindet, seien diese Betrugsmanöver nun bewußt in Szene gesetzt oder auch nur unbewußt arrangiert. Die Norm für das Prädikat »bewiesen« wird sehr hoch angesetzt. – Daß mancher »Enthüller« auch dort Betrug feststellen zu müssen glaubte, wo keiner vorlag, vielmehr seine negative Vorentscheidung die Phänomene nicht zur Kenntnis nehmen ließ, ist aus der Geschichte von Parapsychologie und Spiritismus hinreichend bekannt.

Ziehen wir einen Vergleich, um deutlich zu machen, warum die Gegnerschaft oft so heftig ist: Eine wissenschaftliche Untersuchung, z. B. in einem philologischen Fach, regt höchstens die benachbarten Spezialisten zu Kritik oder Zustimmung an. Die Gegner der Parapsychologie finden sich allerdings nicht nur unter Psychologen, und es sind auch nicht überwiegend psychologische Argumente, die die Debatte bestimmen. Nahezu ein jeder, der sich für das Thema interessiert, fühlt sich berechtigt, ein kritisches Urteil zu haben, und zwar deshalb, weil von den Fakten, die den Parapsychologen beschäftigen, das Weltbild eines jeden betroffen ist.

So hebt ein besonders polemischer Kritiker in einer Auseinandersetzung vor allem mit Benders Arbeit hervor: wenn in den (oben erwähnten) Reihenversuchen aus der Tradition Rhines »tatsächlich der Zufall statistisch-mathematisch einwandfrei eliminiert werden könnte, dann müßten wir doch noch das Gruseln lernen und unser bisheriges Weltbild einer gründlichen Renovierung unterziehen, vorausgesetzt, daß Betrug ausscheidet«[1].

Der Autor Wolf Wimmer ist Staatsanwalt und sieht durchaus richtig, daß unser Weltbild infrage gestellt wird, aber sein Horizont reicht über das kriminologische Argument des Betrugs nicht hinaus, wenn es um die

[1] Wolf Wimmer: Die merkwürdige Wissenschaft der Spuk-Professoren. Neue »Ergebnisse« der Parapsychologie. In: Kriminalistik. Zeitschrift für die gesamte kriminalistische Wissenschaft und Praxis, Juli 1970, S. 329–338, hier S. 332.

Interpretation der Phänomene geht. Einige seiner Ausführungen seien hier zitiert, weil sie in ähnlicher Form immer wieder verbreitet werden und gleichsam typisch für eine Bewußtseinsverengung sind, die Fakten einfach nicht zur Kenntnis nehmen will. So glaubt Wimmer zur Spukforschung den Hinweis machen zu müssen: »Eigentlich sollten solche Ammenmärchen keines Kommentars bedürfen. Aber diese Wissenschaft wird immerhin im 20. Jahrhundert an der Universität Freiburg gelehrt! Auch Bender hat ›Klopfgeisterfälle‹ untersucht und die Echtheit der Spukerscheinungen bestätigt! Und kein Geringerer als C. G. Jung hat den Untersuchungen seinen Segen gegeben.«[2]

Auch die folgenden Worte glaubt Staatsanwalt Wimmer verantworten zu können, wenn er in der Fachzeitschrift »Kriminalistik« schreibt: »So stehen wir vor der erstaunlichen Tatsache, daß der alte Aberglaube durch die Hintertüre der Wissenschaft wieder hereingekommen ist und allda fröhliche Urständ' feiert. Die magische Welt der Naturvölker mit ihrer Allgegenwart von Geistern, Spuk und Zauber hat im Parapsychologieprofessor des 20. Jahrhunderts ihre Fortsetzung gefunden. Die den rationalen Kulturmenschen kennzeichnende Fähigkeit, zwischen Wahrnehmung und Vorstellung zu trennen, hat sich hier wieder zurückgebildet. Wir finden dieselbe Vermischung von Ich und Außenwelt, von Fantasie und Wirklichkeit wie beim Kinde und beim Primitiven.«[3]

Schließlich überschlägt sich Wimmer in seiner eigenen Argumentation und hält dabei Parapsychologie und

[2] Ebd.
[3] Ebd., S. 336.

Hexenglauben nicht mehr auseinander, er wirft sogar die Hexenverfolgungen des 17. Jahrhunderts mit dem holländischen Medium Croiset und dem Parapsychologen Bender in einen Topf, um dann sein Menetekel zu verkünden: »Hier, spätestens hier, ist der Punkt, wo die Gemütlichkeit aufhört. Hier kann man nicht mehr ruhig sein. Denn hier wird offenbar, wohin Parapsychologie, konsequent zu Ende gedacht, führen kann. Zu neuen Hexenjagden nämlich! Das sagt uns schon die einfache Logik. Wir brauchen uns nur einmal in die Psyche des Okkultgläubigen hineinzuversetzen. Der wird – logisch unanfechtbar – folgendermaßen argumentieren: Wer, wie Rhine behauptet, das Wetter beeinflussen kann, der kann auch Unwetter herbeizaubern. Wer, wie Pratt für erwiesen hält, durch bloße Geisteskraft Würfel in bestimmte Richtung fallen lassen kann, muß auf dieselbe Weise auch Häuser zum Einsturz bringen können. Und wer schließlich, wie v. Schrenck-Notzings Medium Willi, durch ›Fernbewegung‹ den Hebel einer Spieldose betätigen kann, der muß schließlich auch einmal in der Lage sein, durch solche Psychokinese eine Atombombenexplosion aus der Ferne auszulösen. Können wir uns jetzt vorstellen, wie sich der Abergläubische fürchtet? Er lebt wieder in der Welt des Schadenzaubers, wo man den Feind vernichtet, indem man seinem Abbild ins Herz sticht, ihm flucht oder spottet. Man wende nicht ein, niemand werde solchen Unsinn glauben. Die Geschichte lehrt es anders! Aus ihr wissen wir, wie schnell ein Menschenwahn entstehen kann. Die grausigen Epidemien der Hexenprozesse sind ein mahnendes Beispiel.«[4]

[4] Ebd., S. 336 f.

Wenn auch mit zahlreichen Fußnoten bestückt, bleiben Wimmers Ausführungen gerade von der »einfachen Logik« gekennzeichnet, von der er selbst spricht. Er demonstriert durch seine Argumentation eher eine Panik vor möglichen Okkultschäden – die die Parapsychologie gerade zu verhindern bemüht ist – als ein Verständnis für die Argumente der Wissenschaft. So kann er, ungetrübt offenbar von Skrupeln, den Vergleich zwischen Parapsychologie und Hexenexekutionen fortführen: »Wer garantiert, daß solche Epidemien sich nicht in anderer, moderner Form wiederholen? Ist doch der Glaube an Hexen und Zauberkunst mit all seinem Drum und Dran auch heute noch nicht ausgerottet. Jährlich finden in der Bundesrepublik etwa siebzig Prozesse gegen Hexenbanner statt. Der Hexenmord von Forchheim ist unvergessen. Bis in die neueste Zeit sind Kindern die Hände abgehackt worden, um Diebszauber üben zu können. Die abergläubischen Neigungen schwellen allenthalben unter der Oberfläche. Bei geeignetem Anlaß können sie plötzlich alle Fesseln sprengen und zu einem verheerenden Brand werden. Für alle Schwachen und Unfreien ist gerade Feuer eine ideale Form der Haßentladung.

Wir erkennen jetzt, daß die Spuk-Professoren keineswegs so harmlos sind, wie es zunächst den Anschein hat. Es handelt sich vielmehr um einen äußerst gefährlichen Unfug, vor dem nicht genug gewarnt werden kann. Nach den historischen Erfahrungen besteht Grund zu ernster Besorgnis. Wir dürfen hier nicht vornehm schweigen.« [5]

[5] Ebd., S. 337 f.

Wimmer hat für seine Äußerungen sehr rasch die entsprechende Antwort erhalten: »Für die Sozial- und Tiefenpsychologen ... stellt das Wimmersche Pamphlet ein geradezu klassisches Anschauungsmaterial für die Wirkung eines irrationalen Komplexes dar, der sich rationalisiert als Vorurteil einkleidet ... was die vertraute Erfahrung durchbricht und das sanktionierte Weltbild in Frage stellen könnte, muß eliminiert werden.« [6]

Obwohl Wimmer zahlreiche Fehlargumentationen nachgewiesen worden sind[7] und seine Kenntnisse der Parapsychologie selbst auf recht schwachen Füßen stehen, hat er sich nicht gescheut, in jüngster Zeit erneut gegen den »Unfug der Parapsychologie« zu Felde zu ziehen. In einer Zeitschrift mit hoher Auflage, dem Deutschen Ärzteblatt[8], beansprucht Wimmer unter Berufung auf einige Parapsychologiegegner[9]: »Es kann deshalb nunmehr zur Parapsychologie-Frage eine abschließende naturwissenschaftliche Stellungnahme gegeben werden.« [10] Diese will er dann auf etwa drei Seiten skizzieren. Über polemische Brillanz kommt er dabei nicht hinaus. »Wir sehen«, meint Wimmer, »mit der Wissenschaft vom Paranormalen ist es nichts. Von den zahlreichen parapsychologischen Theorien konnte bisher keine einzige verifiziert werden. Parapsychologie ist eben nicht die

[6] E. Bauer und J. Mischo: Ein Staatsanwalt vor dem »Unheimlichen«, in: Zeitschrift für Parapsychologie und Grenzgebiete der Psychologie, Jahrgang 12, Nr. 4, S. 255–259, hier S. 258 f.

[7] Ebd., bes. S. 256.

[8] Wolf Wimmer: Eine andere Wirklichkeit? Vom Unfug der Parapsychologie, in: Deutsches Ärzteblatt, 7. 3. 1974, S. 732–739.

[9] A. a. O., S. 733. (Er nennt: Gubisch, Prokop, Tornier und Wimmer.)

[10] Ebd.

empirische Wissenschaft, die sie zu sein vorgibt, sondern eine abstruse Mischung aus Glauben und Rationalismus.«[11] Sie erweise sich »als geistiges Hinterwäldlertum und damit als verkappte Religion«[12] [sic!], und weiter: »Schon einmal hat ein als Wissenschaft getarnter Zauberglaube Millionen in den Tod getrieben.«[13]

Schließlich zitiert Wimmer ausführlich den Berliner Gerichtsmediziner Otto Prokop, der, von parapsychologischen Publikationen beeindruckt, den Gedanken äußert, »daß sich hinter dem autistisch-undisziplinierten Denken mitunter echte Geistesstörungen verbergen ... Schizophrene haben manchmal eine große Ausstrahlungskraft, leben in einer Traumwelt und sind nicht an die Gesetze der Logik gebunden.«[14] Und weiter: »So sind alles in allem Parapsychologie und Paramedizin jetzt wohl Arabesken unserer Kulturen, aber sie wirken wie ein Pendant zu unserem Fortschrittswillen und wie archaische Rückschläge, die wir mit oder ohne C. G. Jung zu verkraften haben!«[15] So weit also Wimmer und zuletzt Prokop. Die Unerschütterlichkeit des Weltbildes ist hier in sicheren Händen!

Der Kriminologe Herbert Schäfer – auf den sich übrigens auch Wimmer mehrfach beruft – ist Autor eines bekannten Werkes über die Okkultkriminalität[16], das seinen Wert nicht dadurch verliert, daß Schäfer mit a-priori-Urteilen die Parapsychologie ablehnt. Da dieses

[11] Ebd., S. 736.
[12] Ebd., S. 738.
[13] Ebd.
[14] Ebd.
[15] Ebd., S. 739.
[16] Herbert Schäfer: Der Okkulttäter (Hexenbanner – Magischer Heiler – Erdenstrahler), Hamburg 1959.

Buch jedoch von vielen Kriminologen studiert wird, ist zu befürchten, daß Schäfers Fehlurteile über die Parapsychologie auf diese Weise multipliziert werden. Für Schäfer sind gewisse Phänomene einfach nicht-existent, obwohl sie bereits wissenschaftlich bewiesen worden sind. Und man wird sich fragen müssen, ob sich ein solches Fehlurteil in wissenschaftlichen Dingen in besonders gelagerten Fällen nicht auch gerichtlich contra reum niederschlagen kann.

Schäfer, und mit ihm mancher Parapsychologiegegner, schwingt sich, nimmt man ihn wörtlich, eigentlich zum Zensor der Orthodoxie in Sachen Naturgesetze auf und zum Richter über das, was als wissenschaftlich zu gelten habe und was nicht. Sein Werk »Der Okkulttäter« leitet er sogar mit einem Zitat von Max Planck ein, das er als ein anspruchsvolles Motto voranstellt:

»Es ist der stetig fortgesetzte, nie erlahmende Kampf gegen Skeptizismus und gegen Dogmatismus, gegen Unglaube und Aberglaube, den Religion und Naturwissenschaft gemeinsam führen, und das richtungsweisende Losungswort in diesem Kampf lautet von jeher und in aller Zukunft: Hin zu Gott.«[17]

Die Berufung, nicht nur auf die Naturwissenschaft, sondern auch auf die Religion, verleiht Schäfer offenbar die hinreichende Selbstsicherheit, um in einer oft zitierten (und deshalb hier ganz wiedergegebenen) Fußnote folgendes Pauschalurteil über Parapsychologie und Parapsychologen zu formulieren:

»Es erübrigt sich, hier auf den ›wissenschaftlichen‹ Okkultismus und die Parapsychologie einzugehen, die beide trotz heftigster Proteste ihrer prominentesten Ver-

[17] A. a. O., S. IV.

treter dem Aberglauben und nicht dem Rationalismus und den Naturwissenschaften zugerechnet werden dürfen. Die Berechtigung zu solch herber Kritik am Okkultismus ergibt sich noch nicht aus der angestrebten ›positiven Kritik des Aberglaubens‹, wie sie Bender fordert, oder aus der Zielsetzung der Okkultisten und Parapsychologen, die Hellsehen, Telepathie, Spuk usw. untersuchen und ›klären‹ wollen. Die Berechtigung hierzu ergibt sich vielmehr aus der Arbeitsweise und der geistigen Einstellung der Okkultbefangenen beider Richtungen. Hellwig sagte einmal in ›Okkultismus und Verbrechen‹, S. 15:

> Der Okkultismus unterscheidet sich vom Aberglauben grundsätzlich nicht seinem Inhalt nach, sondern nur nach seiner Methode. Der Aberglaube als solcher tritt im allgemeinen nur als Glaube auf. Er macht nicht den Anspruch, wissenschaftlich zu sein. Dagegen will der Okkultismus, so sehr er auch mit Glaubensdingen verquickt ist, grundsätzlich doch zum Gebiet der Wissenschaft gehören.

Gleiches gilt für die Parapsychologie, wie sich der Okkultismus heute vornehmlich bezeichnet. Altes träges Seelengut des Aberglaubens (Zucker, a. a. O., S. 293), subjektive Wahrnehmungen und Erlebnisse sollen hier objektiviert, reproduziert und als allgemein gültig nachgewiesen werden. Es sei hier an das Wort von Bumke erinnert, der schrieb: ›Das Wort Parapsychologie ist gut gewählt, denn die Parapsychologie greift immer daneben: in der Problemstellung, der Methode und vor allem in der Kritik‹ (Bumke, a. a. O., S. 123).

Wie recht Bumke hat, weiß derjenige, der das Beispiel Rhines kennt. Wer die Entwicklung dieses amerikanischen Parapsychologen und seine Arbeitsweise überprüft, wie es Pfleiderer getan hat (siehe: Münchner Medizinische Wochenschrift, 27/1957, S. 1002 ff), dem wird bewußt, wie sehr es Rhine letzten Endes – durchaus gutgläubig weil befangen – auf den Beweis einer vorgefaßten Meinung, eines Glaubens ankommt – und geschehe dies auch auf Kosten der naturwissenschaftlichen Exaktheit und Wahrheit.

Gleiches gilt für die Arbeitsmethoden des deutschen Parapsychologen Bender in Freiburg i. Br., wie sich beim Nacharbeiten seiner Spuk-Fälle und den Vorführungen seines Star-Hellsehers Croiset immer wieder ergibt.

Selbst hier, wo sich der Aberglaube naturwissenschaftlich geriert, dient er der Befriedigung irrationaler Neigungen im Menschen.«[18]

In einem Telephoninterview[19] behauptete Schäfer, ein unwissenschaftlicher Selektionsmechanismus sei kennzeichnend für die Arbeitsweise der Parapsychologie, ein Selektionsmechanismus, der sich vor allem auf das Abstruse stürze, das, genau analysiert, entweder nicht vorhanden sei oder auf Betrugsmanöver zurückgeführt werden könne.

Aber genau dieser Vorwurf der Selektion muß derartigen Kritikern zurückgegeben werden: sie sind von vornherein entschieden, jene Fakten zu ignorieren, die nach allen wissenschaftlichen Kriterien und mit moralischer Berechtigung als Fakten bezeichnet werden müssen. Solche Kritiker jedoch klammern sich an ein Weltbild auf dem Stand der Jahrhundertwende, das, trotz Schäfers Motto, mechanistisch-materialistisch anmutet.

[18] Ebd., S. 22.
[19] Telephon-Interview 1971.

Es kann nicht geleugnet werden, daß viele Okkultisten, in der Hoffnung, einen »Beweis« für ein persönliches Fortleben nach dem Tode zu erlangen, den Wunsch zur »Wahrheit« werden lassen, sich unter Mißachtung wissenschaftlicher Kriterien gerade auf die »Wissenschaft« berufen. Wenn man hier kritische Maßstäbe anzulegen hat, so heißt dies nicht, daß man die sachliche Nähe zwischen religiöser Überzeugung einerseits und der »Seelenforschung« (psychic research ist in angelsächsischen Ländern ein häufiger Terminus für Parapsychologie) andererseits zu ignorieren hätte; ebenso wenig muß die anfanghafte Zusammenarbeit von Religion und wissenschaftlicher Parapsychologie mißachtet werden. Aber es kommt hier auf den Anspruch an: ebenso deutlich wie die Fachbereiche Theologie und Parapsychologie auseinanderzuhalten sind, ebenso deutlich sollten die Ansprüche und Äußerungen von gläubigen Spiritisten auf der einen und der wissenschaftlichen Parapsychologen auf der anderen Seite unterschieden werden. Der Hinweis auf Betrugsmanöver in Vergangenheit und Gegenwart ist gewiß ernst zu nehmen und wird auch ernst genommen; aber die Wissenschaftsgeschichte kennt auch die Fehlurteile anerkannter Kapazitäten über epochemachende Erkenntnisse: eine ebenso schwerwiegende Warnung vor engstirnigen vorgefaßten Urteilen.

Eine Hypothek, die die Parapsychologie belastet, ist ihre Ursprungsgeschichte, die Tatsache, daß sie sich aus dem Spiritismus entwickelt hat, der vor allem von dem Bestreben gekennzeichnet war, wissenschaftliche Beweise für Kommunikation mit Verstorbenen zu gewinnen. In Reaktion darauf zeigt die heutige Parapsychologie manchmal geradezu eine Scheu, sich den heiklen Fragestellungen, wie dem Überlebensproblem, zu widmen. Sie konzentriert sich auf Laborforschungen: hier reproduziert sie ängstlich und oftmals krampfhaft in gleichartigen, wenn auch immer verfeinerten Laborversuchen die gleichen Ergebnisse der ASW-Forschung. So verständlich dies ist, so bedauerlich ist es auch.

T. W. Adorno setzt mit seinen »Thesen gegen den Okkultismus«[20] auch an diesem Punkte an, wenn er (niedergeschrieben 1946/47) formuliert: »Die gleiche rationalistische und empiristische Apparatur, die den Geistern den Garaus gemacht hat, wird angedreht, um sie denen wieder aufzudrängen, die der eigenen ratio nicht mehr trauen.«[21]

Hier wird in der Tat ein Kernproblem von Parapsychologie und Paranormologie angesprochen. Zwar basiert der so brillant wie polemisch verfaßte Aufsatz Adornos nicht auf den Kenntnissen der Parapsychologen von heute, da Adornos Schriften aber bekanntlich sehr einflußreich sind, wirken sie auch in unserer Fragestellung nach wie vor meinungsbildend und sollen deshalb hier zitiert werden. Außerdem enthalten sie philosophische Anfragen, die auch heute nicht vom Tisch gewischt werden können.

»Die Neigung zum Okkultismus ist ein Symptom der Rückbildung des Bewußtseins. Es hat die Kraft verloren, das Unbedingte zu denken und das Bedingte zu ertragen.«[22] So wahr dieser Satz sein mag, so unklar bleibt

[20] T. W. Adorno: Minima Moralia. Reflexionen aus dem beschädigten Leben. Berlin–Frankfurt 1951, hier die Seiten 462–474.

[21] A. a. O., S. 471.

[22] Ebd., S. 462.

dabei, was Adorno mit Okkultismus meint; da er sich jedoch ausdrücklich auf die »Dunkelmänner des Psychic Research«[23] bezieht, muß hier auch sein Angriff gegen die Parapsychologie (auf dem damaligen Stand bzw. Kenntnisstand Adornos) bezogen werden. Staatsanwalt Wimmer klingt wieder auf, wenn wir bei Adorno lesen: »Panik bricht nach Jahrtausenden von Aufklärung wieder herein über eine Menschheit, deren Herrschaft über Natur als Herrschaft über Menschen an Grauen hinter sich läßt, was je Menschen von Natur zu fürchten hatten.«[24] »Die Regression auf magisches Denken unterm Spätkapitalismus assimiliert es an spätkapitalistische Formen.«[25]

Für eine religiöse wie für eine marxistische Interpretation ist beides offen, die okkulte Welle (auch die heutige) und die Deutung, die diese Welle bei Adorno erfährt: »Wenn die objektive Realität den Lebendigen taub erscheint wie nie zuvor, so suchen sie ihr mit Abrakadabra Sinn zu entlocken.«[26]

In ihrer Ambivalenz und Interpretierbarkeit belassen, sind auch diese abschließenden Zitate von unübersehbarer Aktualität: »Der Okkultismus ist die Metaphysik der dummen Kerle ... Seit den frühen Tagen des Spiritismus hat das Jenseits nichts Erheblicheres kundgetan als Grüße der verstorbenen Großmutter nebst der Prophezeiung, eine Reise stünde bevor.«[27] Zu den bei vielen Okkultisten deutlichen Anklängen eines platonisch-idea-

[23] Ebd., S. 464 f.
[24] Ebd., S. 463.
[25] Ebd., S. 464.
[26] Ebd., S. 465.
[27] Ebd., S. 468.

listischen Denkansatzes schreibt Adorno: »Je munterer die Spiritualität, desto mechanistischer: nicht einmal Descartes hat so sauber geschieden. Arbeitsteilung und Verdinglichung werden auf die Spitze getrieben: Leib und Seele in gleichsam perennierender Vivisektion auseinandergeschnitten ... Das zetert über Materialismus. Aber den Astralleib wollen sie wiegen. Die Objekte ihres Interesses sollen zugleich die Möglichkeit von Erfahrung übersteigen und erfahren werden.« [28] Und abschließend: »Indem sie bestimmtes Sein als Geist ausgeben, unterwerfen sie den vergegenständlichten Geist der Daseinsprobe, und sie muß negativ ausfallen. Kein Geist ist da.« [29]

Von Adornos Niveau müssen wir bei den folgenden Zitaten Abschied nehmen. Dafür dürfte das umfängliche Opus der Autoren Allan/Schiff/Kramer mehr Leser als Adorno gefunden haben. Unter dem bezeichnenden Titel »Falsche Geister. Echte Schwindler. Geisterjagd durch drei Jahrhunderte« [30] wollen die Autoren den Nachweis führen, daß alles Paranormale eben Humbug sei. Die gesamte Berichterstattung, vom Spukhaus, über das Plinius der Jüngere [31] informiert, bis zum Phänomen in Rosenheim [32], das von Kriminalisten, Technikern, Physikern und Parapsychologen untersucht worden ist, wird das pauschale Urteil abgegeben: »Zwischen diesen

[28] Ebd., S. 470 f.

[29] Ebd., S. 474.

[30] Allan/Schiff/Kramer: Falsche Geister. Echte Schwindler. Geisterjagd durch drei Jahrhunderte. Wien–Hamburg 1969.

[31] Siehe Kapitel: Die Kirche vor den Erfahrungen von Parapsychologie und Okkultismus, S. 189 ff.

[32] Dazu: Hans Bender: Verborgene Wirklichkeit, Olten und Freiburg 1973, S. 45–52.

beiden Berichten gibt es unzählige Berichte dieser Art. Parapsychologen beschäftigen sich damit. Wissenschaftler amüsieren sich darüber. Der Aberglaube jedoch nimmt sie für bare Münze.«[33] Und gegen Schluß heißt es nochmals über die Psychokinese: »Daß es jedoch jemals gelungen wäre, durch rein psychische Ursachen Gegenstände zu bewegen, Teller und Bilder an den Wänden rotieren und Kronleuchter schaukeln zu lassen – für Psychokinese also, wie sie der Freiburger Professor Doktor Bender behauptet, dafür fehlt bisher jeder exakte Beweis.«[34] Die Autoren fügen dummerweise eine Bibliographie[35] an, die, ganz unabhängig von der vorgebrachten Argumentation und ihrer Form, deutlich werden läßt, daß weder ihr Informationsstand noch ihre Quellen für irgend etwas repräsentativ sind, das man Parapsychologie nennen dürfte.

Bender hat jahrzehntelang den auch in mehreren Zitaten deutlich gewordenen Angriffen standgehalten, und durch ihn hat seine Wissenschaft, ganz abgesehen von der unendlich geduldigen Kleinarbeit, auch in weiten Kreisen des akademischen Bereichs Anerkennung gefunden. Bender hat auch immer wieder in aller Öffentlichkeit seinen und den Gegnern der Parapsychologie Widerstand geboten. Zitieren wir abschließend seinen jüngeren Kollegen, Professor Resch, der die Gegnerschaft so umreißt: »Die Feinde der Parapsychologie stehen in zwei Lagern, einmal im Lager der großen Masse jenes Bevölkerungsteiles, die einfach nicht haben wollen, daß man das Magische und Unbekannte sach-

[33] A. a. O., S. 13.
[34] Ebd., S. 323.
[35] Ebd., S. 343 f.

lich erforscht; und sie stemmen sich einfach dagegen, daß man hier versucht, eine sachliche Aufklärung zu geben, die vielleicht mit psychologischen Erkenntnissen, mit physikalischen, biologischen, also mit Kenntnissen der heutigen Wissenschaften erklärt werden können, denn dadurch würde ihnen ihr magisches Modell zerbrochen, und das wollen sie nicht.

Auf der anderen Seite sind es jene Wissenschaftler, die diesen Phänomenen aus gewissen Prestige- und Traditionsgründen ausweichen und, in Unkenntnis der ganzen Sachlage, ein absolutes, negatives Urteil abgeben, um dadurch sich selbst als große Wissenschaftler herauszustellen, also als Menschen, die sich mit solchen Sachen nicht befassen. Das halte ich heute für eine sehr primitive wissenschaftliche Haltung. Die Wissenschaft, vor allem die Universität, hat in besonderer Weise auch die Aufgabe, auf die ganzen Fragen, die im Volke stehen, von der Wissenschaft her eine sachliche Antwort zu geben, zumindest zu versuchen, diese Antwort zu geben.«[36]

[36] Tonband-Interview 1971.

ZUM VERSTÄNDNIS DER OKKULT-MENTALITÄT

Kritik am Okkultismus hat mit besonderer Brillanz T. W. Adorno geübt. Im folgenden sei auf einige positive Aspekte, die der Okkultismus zweifellos auch vorzuweisen hat, aufmerksam gemacht. Damit wird dieser Exkurs zum Bindeglied zum nachfolgenden Abschnitt, in dem das Verhältnis von Parapsychologie zu Theologie und Glaube erörtert werden soll.

Die »okkulte Welle«, die in den letzten Jahren zu beobachten war und noch ist, erleidet das Schicksal der meisten Wellen: man kommentiert sie unter dem Aspekt des Modischen und deshalb bald Vorübergehenden, streicht die besonders pikanten und publizitätsträchtigen Extravaganzen heraus, übersieht aber dabei zumeist das dahinterliegende und oftmals bleibende Grundbedürfnis, das in der einen oder anderen Welle seine, wenn auch pittoreske, Ausdrucksweise gefunden hat. Dieses Grundbedürfnis, das jeweils zum Ausdruck kommen will, kann nicht befriedigt werden, weil es gar nicht erkannt wird. Dies ist auch einer der Gründe, warum sich gerade Okkultisten selten öffentlich äußern, sondern sich in exklusiven Zirkeln bewegen, in denen sie (auch heute noch) manchen psychischen Gefahren ausgesetzt sind. Das Mißverständnis, das der okkulten Welle begegnet, entspricht in etwa der Einschätzung, die den Subkulturen der letzten Jahre entgegengebracht wurde: der politischen Protestbewegung mit dem Höhepunkt von 1968, der Hippie-Bewegung, schließlich den Jesus people und den entsprechenden ekstatisch-charismatischen Frömmigkeitsbewegungen, auch in den Großkirchen.

»Wenn der Finger auf den Mond zeigt, schaut der Dummkopf auf den Finger.« Mit diesem buddhistischen Sprichwort sei die Einstellung den häufig wechselnden Wellen und Moden gegenüber charakterisiert: Äußerlichkeiten werden eine Zeitlang als aufsehenerregende Neuigkeit bestaunt und in den Medien herumgereicht. Sobald das Interesse der Konsumenten am Auffälligen abgeflaut ist, wenn sich vor allem die bebilderten Medien nicht mehr darum kümmern, dann glaubt man auch schon, die Welle sei vorüber. Unter geht dabei zumeist der Kern des Ganzen. Deswegen hier einige Bemerkungen über hintergründige Strömungen der okkulten Welle.

Ihr Höhepunkt ist in der Bundesrepublik vermutlich noch gar nicht erreicht. Es muß abgewartet werden, ob das vor allem in einer enormen Buchproduktion deutlich werdende Angebot und Interesse vielleicht sogar einen noch vervielfachten Niederschlag im allgemeinen Bewußtsein finden wird. Es gibt Anzeichen dafür, daß auf diesem Gebiet eine neue Form der »Lebenshilfe« und der »Sinndeutung« gesucht wird, wie dies aus den USA schon seit einigen Jahren bekannt ist. Daß bei den einzelnen Angeboten noch einmal zu differenzieren wäre, kann hier nur angedeutet werden: Talismanfabrikanten, betrügerische Wahrsager, Importeure östlicher Weisheit, Castañeda-Fans, kritische und unkritische Spiritismusliteratur und die Parapsychologie selbst dürfen nicht in einen Topf geworfen werden, ja selbst zwischen »Astrologie« und Astrologie wäre noch einmal zu unterscheiden[1]. Dies kann hier ebensowenig in Angriff genommen werden wie eine Klärung auf dem heiklen Feld der »Wunderheilungen«[2]. Es kann uns hier auch nicht in-

[1] Wenn wir hier Illustriertenhoroskope und dergleichen ausschließen, so bleibt doch noch ein Zweifaches zu berücksichtigen, das mit Astrologie und Kosmosophie bezeichnet wird und allmählich sogar eine gewisse Anerkennung findet. Es ist zu unterscheiden zwischen den (vermuteten oder nachgewiesenen) kosmischen Einflüssen physikalischer Art einerseits und der astrologischen Entsprechungslehre andererseits. Zu 1. vgl. beispielsweise Hans von Hentig: Über den Zusammenhang von kosmischen, biologischen und sozialen Krisen, Stuttgart 1969. Ferner Michel Gauquelin: Die Uhren des Kosmos gehen anders, Bern–München–Wien 1973. Es sei ausdrücklich noch einmal hervorgehoben, daß hier vieles erst andeutungsweise von der Empirie in Angriff genommen wird.

Zu Punkt 2., der astrologischen Entsprechungslehre mit einer jahrtausendealten Tradition, ist zu sagen, daß auch hier erste empirische Untersuchungen gemacht worden sind, z. B. Blindversuche einer Horoskopdeutung durch Astrologen. Verantwortbare Informationen für Interessenten finden sich bei C. G. Jung: Die Dynamik des Unbewußten, Zürich und Stuttgart 1967, Gesammelte Werke, Band 8, S. 514 ff.

Thomas Ring: Zur Neufassung des astrologischen Gedankens, in: Zeitschrift für Parapsychologie, Jg. 12, Nr. 2, S. 111–120.

Reinhold Ebertin: Die kosmobiologische Sicht des Menschen, in: Der kosmische Mensch, herausgegeben von Andreas Resch, München–Paderborn–Wien 1973, Imago Mundi III, S. 61–98.

Allerdings sei betont: die Astrologie ist kein Thema der Parapsychologie.

[2] Über Wunderheilungen aus animistischer Sicht vgl. Hans Bender: Telepathie, Hellsehen und Psychokinese, München 1972, S. 124 bis 140; eher journalistisch unkritisch einzustufen wäre Alfred Stelter: PSI-Heilung, Bern–München–Wien 1973.

Ein besonders wertvolles Buch zu medizinischen Grenzfragen ist Adolf Köberle: Heilung und Hilfe. Christliche Wahrheitserkenntnis in der Begegnung mit Naturwissenschaft, Medizin und Psychotherapie, Darmstadt 1968.

teressieren, wieviel Kapital aus all dem geschlagen wird; Verbraucherberater mögen dies berechnen. Hier soll unter wirtschaftlichem Aspekt nur der falschen These mit einem Satz widersprochen werden, daß »Wellen«, wie auch die okkulte, schlechterdings ein Produkt des Kommerzes seien, der angeblich ein Bedürfnis erfindet, um davon zu profitieren. Natürlich multiplizieren Wirtschaft und Medien das Interesse und somit auch das Bedürfnis, sie können dies aber nicht aus der Luft greifen. Und dieses okkult sich gebärdende Bedürfnis soll nun andeutungsweise erläutert werden.

Kurt Hutten, einer der besten Kenner von Sekten- und Okkultmentalität, gab in einem Interview folgende, hier zusammengefaßte Deutung: »Meine Grundthese ist die, daß der Okkultismus insgesamt in seiner modernen Gestalt die Antwort ist auf eine verunsicherte Hoffnung. Er ist die Antwort auf eine säkularistische Grundhaltung, nach der der Mensch in seiner Gesamtexistenz auf den irdischen Raum und auf die Zeitspanne seines physischen Lebens beschränkt ist. Früher, im Mittelalter, da gab es ja noch die vertikale Hoffnung: Himmel–Hölle, und die menschliche Existenz war verlängert und konnte ihre Erfüllung und Vollendung finden in einem jenseitigen Fortleben. Das wurde abgeschnitten. Und diese Eingrenzung hat der Okkultismus nun wieder durchbrochen. Er versucht, in seiner Weise und mit seinen Methoden, den Lebensraum des Menschen auszuweiten und damit ihm eine Fülle von Hoffnungschancen und Hoffnungselementen zu geben. Der Marxismus, der Nationalismus, Technizismus, die ganzen Vorstellungen der Wohlstandsgesellschaft mit ihren Träumen von einem Paradies von Luxus und angenehmen Daseinsbedingungen, das alles ist die sogenannte horizontale Hoffnung, die von der Zukunft das Glück des Menschen erwartet, und die damit rechnet, daß der Mensch selbst dieses Glück herstellen kann. Darum haben sie sich ja auch organisiert in militanten Bewegungen und haben ihre großen politischen Systeme entworfen. Und nun scheint mir ein wesentlicher Grund für die okkulte Explosion der Gegenwart darin zu liegen, daß diese horizontale Hoffnung in eine tiefe Krise gestürzt ist, daß eine wachsende Zahl von Menschen daran zweifelt, ob in der Zukunft eine Möglichkeit der Erfüllung, Verwirklichung menschlicher Träume gegeben ist. Ich denke da vor allem an die Feststellungen der Ökologen, die sich geradezu in Unheilpropheten verwandelt haben.«[3]

Huttens Hoffnungsthese wird von vielen Beobachtungen bestätigt. In den amerikanischen und europäischen Großstädten verdrängt allmählich die okkulte Literatur die Kampfschriften der politischen Linken. Und dieses neuartige Interesse ist beileibe nicht auf jene dünne Bevölkerungsschicht begrenzt, die sich stets von exklusiven Weisheiten angezogen fühlt. So hält das Weltbild der Astrologie Einzug in breiten bürgerlichen Schichten, selbst bei Studenten und Intellektuellen. Sucht hier der im religiösen Bereich desorientierte, sich agnostisch gerierende Gebildete einen neuen Halt in zweifelhafter Esoterik, da ihn die säkularen Heilsofferten nicht mehr befriedigen?

[3] Tonband-Interview 1973. Vgl. auch: Kurt Hutten: Überweltpropheten gegen Diesseitigkeitsapostel – Die »okkulte« Explosion, in: PSI und PSYCHE, Neue Forschungen zur Parapsychologie. Festschrift für Hans Bender. Herausgegeben von Eberhard Bauer, Stuttgart 1974, S. 75–93.

Die Technologie hat sich eben nur als die technische Seite der Weltbewältigung erwiesen, und auch eine mechanistisch verstandene Psychoanalyse mußte als Lebenshilfe scheitern. Weiter unten wird zu behandeln sein, welche Rolle die Kirchen in diesem Zusammenhung spielen.

Noch vor wenigen Jahren haben wir über Berichte aus den Vereinigten Staaten gelächelt: Warenhäuser für Okkultes, Spezialgeschäfte für Spiritismus, Pendeln, Handlesen und Kartenlegen, Orakel aus dem Automaten, Handbücher für Schwarze Magie etc. All dies haben wir längst auch in Europa. So bietet ein Okkult-Verlag und Versandgeschäft ein »computergenaues Horoskop« an. Hier schafft sich der technologische Mensch mit seinen technologischen Mitteln den Zugang zum Irrationalen. Es spricht also vieles dafür, daß die Einengung auf einen dreidimensionalen Lebensraum vielen Zeitgenossen nicht mehr genügt.

Vor allem aus kirchlicher und theologischer Sicht wäre es verhängnisvoll, würden die auf die bezeichnete Weise artikulierten Grundbedürfnisse nur apologetisch als Aberglauben ernst genommen, in den seelsorglichen Bemühungen jedoch ignoriert. Man wird sich Huttens positive Einschätzung der Okkultgläubigkeit zu eigen machen müssen, wenn man dem Menschen in seinen berechtigten, wenn auch pittoresk ausgedrückten Sehnsüchten gerecht werden will: »Man darf diese okkultgläubigen Menschen nicht als Spinner betrachten, sondern ich würde im Gegenteil sagen, das sind im Durchschnitt Leute, die eine besondere geistige Sensibilität aufweisen. Sie stellen Fragen, die heute im öffentlichen Gespräch weithin unter den Tisch gefallen sind. Die Frage nach der ganzen individuellen Existenz des Menschen, nach seinem Woher, nach seinem Wozu, nach seinem Warum, nach seinem Wohin. Das sind die großen Existenzprobleme des individuellen Menschen, nicht der Gesellschaft. Und bei uns heute stehen ja die gesellschaftlichen Probleme im Vordergrund und Mittelpunkt. Aber hier wird nach dem Einzelnen gefragt. Das sind nun Fragen, die man eben nicht mehr wissenschaftlich beantworten kann. Da ist die Soziologie unbrauchbar, und auch der Psychologe kann nicht viel dazu sagen.« [4]

Hutten unterscheidet vier große Hauptgruppen okkulter Weltdeutung [5], die heute noch zahlreiche Anhänger finden. An erster Stelle steht der Spiritismus (hier nicht als parapsychologischer Terminus verstanden, sondern im Sinne des in Religionsformen auftretenden, vor allem in Brasilien praktizierten Spiritismus und dessen bürgerlichen Varianten). Der Spiritismus vertritt die These, man könne durch verschiedene Praktiken mit den Verstorbenen in Kontakt treten und so auch genaue Berichte über das nachtodliche Leben erhalten [6]. Damit wird demjenigen, der dies sucht, die Gewißheit vermittelt, daß mit dem Sterben nicht alles aus ist.

Eine zweite Gruppe sind die gnostischen Esoteriker, zu denen man Theosophie und Rosenkreuzer, vor allem

[4] Tonband-Interview 1973.

[5] Vgl. Kurt Hutten: Die Herausforderung der Theologie durch die Okkultbewegungen. Impulse Nr. 4. Evangelische Zentralstelle für Weltanschauungsfragen, IX/1969.

[6] Z. B. Arthur Ford: Bericht vom Leben nach dem Tode, Bern–München–Wien ²1972. S. 259 heißt es z. B.: »Den Menschen über Todesangst und Trauer um einen Verstorbenen hinwegzuhelfen, habe ich stets als eine meiner Hauptaufgaben betrachtet. Mein höheres Ziel indessen ist es, überzeugend zu lehren und zu beweisen, daß es ein Weiterleben gibt.«

aber die bei uns bekannte und wirksame Anthroposophie[7] zählt. Die geistigen Quellen sind eine Mischung aus abendländischen und fernöstlichen Traditionen. Dazu gehört auch die Vorstellung, daß die menschliche Seele im Laufe ihres Schicksals nicht nur einmal in einen Leib einkehrt, sondern mehrfach oder in einer endlosen Reihe von Reinkarnationen[8] eine leibliche Behausung findet. Es wird die These vertreten, daß der Mensch neben dem »Leib« und der »Geistseele« noch den feinstofflichen Leib[9] besitze. Auch die Vorstellung von der

[7] Das Werk Rudolf Steiners ist von der Paranormologie noch kaum in Angriff genommen worden, und auf seiten der Theologie gibt es wenig mehr als negative Abgrenzungen zur Anthroposophie. Ähnliches gilt für paranormologisch wie theologisch hochinteressante Gruppen wie z. B. die Lorber-Bewegung.

[8] Vor allem in der spiritistisch orientierten Literatur ist die Reinkarnationslehre ein wiederkehrender Topos. Zur Problematik vgl. Heinz C. Berendt: Parapsychologie, Stuttgart–Berlin–Köln–Mainz 1972, S. 104 f.

Reinkarnation, Sonderheft, herausgegeben von Ernst Benz, Zeitschrift für Religions- und Geistesgeschichte, IX. Jg. 1957, Heft 2, S. 97–198.

Grenzgebiete der Wissenschaft I, 1971, S. 38 f.

Aus der Sicht der Anhänger dieser Lehre:

Morey Bernstein: Protokoll einer Wiedergeburt, Bern–München–Wien 1973.

Nils-Olof Jacobson: Leben nach dem Tod? Über Parapsychologie und Mystik, Düsseldorf–Wien, o. J., S. 216 ff et passim.

Ernst Sehringer: Christlicher Glaube und Parapsychologie, Pforzheim 1969, bes. S. 56 f und Anmerkungen.

Sicherlich gibt es auch in der Bibel manchen Hinweis auf Reinkarnationslehre; dennoch dürfte »Erlösung« schwer mit »Karma« harmonisierbar sein.

[9] Zur Orientierung vgl. Gebhard Frei: Probleme der Parapsychologie. Gesammelte Aufsätze. Herausgegeben von Andreas Resch, München–Paderborn–Wien ^{2}1971. Imago Mundi II, bes. S. 77 ff, 91 ff, 249 ff.

Aura[10] als einer Ausstrahlung des Individuums, an dem Charakter bzw. Schicksal erkennbar seien, gehört in diesen Gedankenkreis. Reinkarnation, Feinstofflichkeit und Aura sind auch Topoi, mit denen sich die Parapsychologie zu beschäftigen hat.

Daß sich zahlreiche Wissenschaftler aller Fachrichtungen von derartigen Erklärungsmodellen angezogen fühlen, sollte vor der Haltung bewahren, ungewöhnlich erscheinende Gedankengänge von vornherein als Unsinn abzuqualifizieren.

In einer dritten Gruppe seiner Klassifizierung okkulter Weltdeutungen faßt Hutten Astrologie und Kosmosophie[11] zusammen. Diese dürfen nun nicht einfachhin mit dem Humbug der Illustriertenhoroskope in eins gesetzt werden. Wichtig ist in diesen Lehren die Überzeugung, daß das menschliche Leben nicht auf den irdischen Zeitraum beschränkt sei und daß es *Entsprechungen* gebe zwischen dem großen Ganzen des Weltalls, dem Makrokosmos, einerseits, und der Welt und dem Menschen, dem Mikrokosmos andererseits.

Als vierte Gruppe ist die anhängerstarke Ufo-Bewegung[12] zu nennen. Nach der Überzeugung der Ufologen versuchen Wesen aus anderen Welten mit uns Irdischen in Verbindung zu treten. Weltbekannte Naturwissenschaftler und Weltraumforscher bekennen sich zur Ufologie. Auch hier ist, ganz unabhängig von Wahrschein-

[10] Ebd., passim.

[11] Siehe Anm. 1.

[12] Eine neuere Publikation: K. Gösta Rehn: Die fliegenden Untertassen sind hier! Düsseldorf 1973.

Zur Interpretation: Hans Bender: Verborgene Wirklichkeit, Olten und Freiburg 1973, S. 198–226.

lichkeit oder Unwahrscheinlichkeit der ufologischen Berichte, der Versuch evident, den menschlichen Lebensraum geistig zu erweitern. Trotz der unterschiedlichen Inhalte all dieser Okkultbewegungen zeigt Hutten gemeinsame Züge auf: »Man findet ein tiefes Ungenügen über die irdische und sichtbar-materielle Welt. Man erleidet ihre Begrenztheiten, Bruchstückhaftigkeiten und Dunkelheiten als ein qualvolles Gefängnis. Daraus erwächst die Sehnsucht, die Kerkerwände zu durchbrechen und den Weg in die Überwelt zu bahnen. Diese Überwelt wird verschieden beschrieben, aber es wird mit unermüdlichem Fleiß nachgewiesen, daß sie eine Realität sei, und als Beweismaterial dienen die Ströme von Mythen aus früheren Jahrtausenden und die Erfahrungen und Phänomene unserer Zeit. Die Kritiker pflegen mit dem eigenen Traditionsgut ziemlich schnippisch umzugehen. Sie werfen es auf den Müllhaufen der Geschichte oder bestenfalls ins Kuriositätenmuseum. Ob sie damit Recht haben, ist eine Frage für sich.« [13]

Hutten hält, sehr zu Recht, auch den Einwand der Okkultisten für bemerkenswert, »daß die einseitige Hochzüchtung der Ratio im Menschen der naturwissenschaftlich-technischen Zivilisation zu einer Verkümmerung der seelischen Wahrnehmungsorgane, der Imagination, der Divination, der Inspiration geführt habe und daß der Mensch durch diesen Verlust zu einem Seelenkrüppel geworden sei, dem der Zugang zu ganzen Kontinenten höherer Realitätsbereiche versperrt wurde.« [14]

[13] Nach einer Manuskriptkopie eines Vortrags vor der Evangelischen Akademie Bad Boll, Januar 1973, S. 9.

[14] Ebd., S. 9 f.

Es geht hier, dies ist ausdrücklich zu unterstreichen, nicht um eine Aufwertung all jener krankhaften Nebenerscheinungen, die sich um den Okkultismus ranken (wie auch um die Religion). Es geht weder um die zahllosen Betrüger und Scharlatane, die mit der Lebensangst ein Geschäft machen, noch um die pathologischen Magier sexokkulter Perversionen[15], noch auch um die selbstberufenen Propheten mit dem Anspruch auf absolute Wahrheit – all dies ist zur Genüge bekannt und auch leicht durchschaubar. Der Okkultismus jedoch, mit dem sich Hutten beschäftigt hat, wird von Leuten gelebt, die nicht selten hochgebildet sind, die auch kaum nach außen zu wirken bereit sind, die intravertiert leben und leben müssen, weil sie sich in ihrem Erforschen des Hintergründigen mißverstanden fühlen von einer Umwelt, für die es offenbar nur drei handgreifliche Dimensionen gibt und darüber hinaus nichts.

Wenn die okkulte Welle in ihrer stärksten Triebkraft als Hoffnungsstreben gekennzeichnet wurde, so ist sie in zweiter Linie Suche nach Bewußtseinserweiterung: Das Ungenügen an einer Welt, die nur das sein soll, was sich uns auf Anhieb erschließt. Wie in den meisten Protestbewegungen[16] der letzten Jahre geschieht auch hier der Durchbruch zur Sinnfrage. Professor Bender interpretiert dieses Bedürfnis so: »Vordringlich scheint mir zu sein ein wachsendes Ungenügen an dem, was die Konsumgesellschaft anbietet. Es ist eigentlich reziprok zur

[15] Vgl. den journalistischen Bericht von Horst Knaut: Rückkehr aus der Zukunft. Phantastische Erfahrungen in der Welt der Geheimwissenschaften, Bern–München–Wien 1970.

[16] Vgl. Gerhard Adler: Die Jesus-Bewegung. Aufbruch der enttäuschten Jugend, Düsseldorf 1972.

Wohlstandsgesellschaft, die nun materielle Bedürfnisse befriedigen kann und nun gewissermaßen Zeit hat zu fragen, was ist denn der Sinn des Ganzen. Das gilt in diesem Maße nicht für die jungen Menschen, die wohl noch nicht im Wohlstand eingebettet sind, die aus ihrer Beunruhigung heraus, aus ihrer politischen Beunruhigung, aber auch aus einer philosophischen Beunruhigung, nach einer Bewußtseinserweiterung streben, diese aber nicht von Philosophie und Kirche haben wollen, sondern von der empirischen Wissenschaft. Das ist der gesunde Kern des Interesses, das sind jene aufgeschlossenen, gut informierten jungen Menschen, die sich kritisch mit den Ergebnissen der Parapsychologie befassen, nicht zu verwechseln mit denjenigen, die sich vom Dunstkreis des Okkulten angezogen fühlen, die dann pendeln oder sich in esoterischen Gruppen zusammenfinden und jeder kritischen Prüfung ermangeln.« [17]

In der gehobeneren Form des Okkultismus, der beispielsweise in dem ehemaligen katholischen Priester Eliphas Levi [18] einen seiner Ahnen sieht, ist ein Grundzug unverkennbar (der sich auch in jenen Kreisen wiederfindet, die Okkultismus und Parapsychologie als apologetische Hilfsmittel der Theologie einführen möchten): das Bestreben, die Schwelle zwischen Glauben und Wissen zu überwinden, Glaubenswahrheiten erkenntnismäßig einzufangen, Gott, Jenseits, Himmel, Hölle wissensmäßig in Griff zu nehmen. So betrachtet trägt auch der moderne Okkultismus gnostische Züge. »Der Geist

[17] Tonband-Interview 1973.

[18] Eliphas Levi. Abbé Alphons Louis Constant: Der Schlüssel zu den großen Mysterien nach Henoch, Abraham, Hermes Trismegistos und Salomon, Weilheim 1966.

der Dichter und der Geist der Initiierten werden beide von demselben Mythos verfolgt, dem Mythos von Prometheus: der Mensch, der die Kräfte der Götter erringt und sein eigenes Heil und das Heil des ganzen Universums erwirkt, allein mit seinen eigenen Kräften. Sein eigentlicher Mittler ist also die menschliche Natur. Damit erübrigen sich die Gnade, die Erlösung durch das Kreuz.« [19]

Hier ist möglicherweise eine Einschränkung zu machen. Die Begriffe »Wissen« und »Glauben«, um die der Streit zwischen Kirche und Gnosis geht, müßten erst in einem Gespräch zwischen aufgeschlossenen Theologen und wissenschaftlich qualifizierten Okkultisten und Esoterikern geklärt werden, ein Gespräch, das ein dringendes Bedürfnis wäre, das aber noch kaum begonnen hat. Zum Schaden beider Seiten. Denn auch bereits kursorische Kenntnisse von Theologie und Esoterik lassen nicht mehr übersehen, daß Okkultisten und Gläubige durch viele gemeinsame Anliegen verbunden sein könnten. Schließlich darf die Nähe von Esoterik und Mystik nicht übersehen werden, und gerade die »Schau« des Mystikers überschreitet doch wohl auch den »Glauben« in Richtung »Wissen«. Ein lohnender Untersuchungsgegenstand auch für die Religionspsychologie.

Die Gesellschaft Imago Mundi ist seit einigen Jahren bemüht, auch dieses Grenzgebiet von Okkultismus und Esoterik wissenschaftlich in Angriff zu nehmen. Ihr Generalsekretär Andreas Resch begründet die Notwendigkeit einer Auseinandersetzung mit dieser Materie: »Die

[19] Albert Béguin: Poésie de la Présence de Chrétien de Troyes à Pierre Emmanuel, Neuchâtel und Paris 1957, S. 149.

Esoterik ist wohl die älteste Weltdeutung, die wir in der Menschheit kennen. Sie hat sich heraufgetradiert bis in die heutige Zeit und nimmt jetzt in einer besonderen Weise wiederum zu. Und es ist geradezu sonderbar, daß die Wissenschaft wie auch die Theologie sich der Esoterik gegenüber bisher, bis auf den heutigen Tag, in einer Apologetik verhalten haben und niemals den Mut fanden, hier in den offenen Dialog zu treten, wie es sonst in den verschiedensten Bereichen menschlichen Denkens gewesen ist. Ich möchte nur zum Beispiel von katholischer Seite her sagen, daß man sich mit Nichtgläubigen, mit Atheisten, wohl befaßt, aber noch niemals auf offizieller Ebene den Mut, so möchte ich es nennen, gehabt hat, um hier auch mit der großen Schar der Esoteriker in ein Gespräch zu treten. Ich möchte hier den ganzen Bereich des Spiritismus anführen; nennen wir einmal andere Bereiche, die eine gewisse theologische, philosophische Richtung verfolgen, wie die Theosophie, die Anthroposophie und dergleichen.« [20]

[20] Tonband-Interview 1973.
Vgl. auch Haack, siehe Anm. 38/39 des letzten Kapitels.

DIE KIRCHE VOR DEN ERFAHRUNGEN VON PARAPSYCHOLOGIE UND OKKULTISMUS

Die Relevanz paranormaler Ereignisse für Theologie und Kirche soll uns in diesem abschließenden Kapitel beschäftigen, nachdem wenigstens ansatzweise erläutert wurde, was unter Parapsychologie bzw. Paranormologie einerseits und Okkultismus, insbesondere Spiritismus, andererseits zu verstehen ist.

Die Problemstellung ist so komplex und die Grundkenntnisse auf seiten der Theologie sind in aller Regel so gering, daß zunächst erst manches Mißverständnis auszuräumen und psychologische Barrieren zu überwinden sind, bevor eine sachliche Auseinandersetzung beginnen kann. Einige dieser Schwierigkeiten seien angedeutet.

Die wissenschaftliche Parapsychologie ist als methodisch ausgewiesenes Fach ein Gesprächspartner, mit dem auf akademischer Ebene eine Klärung der Standpunkte sehr leicht möglich ist. Die selbstgesteckten Grenzen dieser Parapsychologie jedoch, die überwiegend eingehaltene Beschränkung auf empirisch belegbare Aussagen, lassen dem kirchlich-theologisch Interessierten nicht auf Anhieb erkennen, daß Glaube und (die rational um diesen Glauben bemühte) Theologie mit dieser empirischen Wissenschaft überhaupt etwas auszutauschen hätten.

Der Okkultismus wiederum hat, im Unterschied zur empirisch-kritischen Beschäftigung mit den Grenzphänomenen, zwar kein methodisches und gedankliches System vorzulegen, das unmittelbar eine fruchtbare Basis für eine wissenschaftliche Auseinandersetzung darstellen könnte; andererseits aber besteht die unübersehbare sachliche Nähe zwischen Okkultismus und Theologie/Glaube, insoweit beide auf die existentiellen Fragen nach dem Fortleben des Menschen jenseits seines biologischen Endes eine Antwort zu geben versuchen und die Sinnfrage menschlichen Daseins zu deuten bemüht sind.

Die Unterscheidung der Geister wird noch schwieriger, wenn wir beobachten, daß bestimmte theologische Richtungen aufgrund von philosophischen bzw. weltanschaulichen Vorentscheidungen, auf denen sie basieren, entweder das Paranormale schlechthin für nicht existent und somit für irrelevant erklären, oder aber, um das andere Extrem zu kennzeichnen, in jedem auffälligen und wissenschaftlich nicht restlos geklärten Phänomen bereits das Hereinwirken einer jenseitigen Welt, den »Finger Gottes«, das Wirken von Engeln und Heiligen oder Dämonen und verdammten Seelen erkennen wollen.

Nennen wir noch eine weitere Schwierigkeit, die bei der herrschenden Unkenntnis in parapsychologischen Fragen besonders verhängnisvoll ist: Die in früheren Jahren – in bestimmten Regionen auch heute noch, namentlich im katholischen Raum – verbreitete Wundergläubigkeit, ja Wunderhysterie und Mirakelsucht, die nicht nur an großen und kleinen Wallfahrtsorten seltsame Blüten trieb, sondern auch in der Fundamentaltheologie eine überzogene apologetische Rolle spielte (insbesondere in der Wunderdiskussion, die so weit getrieben wurde, daß noch jüngst ernsthaft die Auffassung vertreten wurde, »große Wunder« seien nur in der katholischen Kirche bekannt[1]), diese Überbetonung ist in den letzten Jahren im entgegengesetzten Pendelausschlag offenbar einer bewußten Zurückdrängung und sogar einer (psychologisch verstandenen) Verdrängung gewichen, wodurch nun wiederum eine sachgerechte Auseinandersetzung verhindert wird. Daß es in diesem Bereich wie überall lobenswerte Ausnahmen gibt, sei an dieser

[1] Vgl. L. Monden S.J.: Theologie des Wunders, Freiburg–Basel–Wien 1961, S. 242: »Die Tatsache des ›großen Wunders‹ in der katholischen Kirche muß für den unvoreingenommenen Untersucher unleugbar feststehen ... Einer so beträchtlichen Zahl von Wundern gegenüber, die sich immer auf glaubwürdige Zeugnisse und objektive Wahrnehmungen stützen, die unter den verschiedensten Umständen des Ortes, der Zeit und der Kultur geschehen, aber immer mit der einen Konstante eines spezifisch katholischen, religiösen Kontextes (der eine bestimmte Bedeutung suggeriert) geschehen, ist jeder ehrliche Zweifel an der Realität der Geschehnisse ausgeschlossen, und sie stellen uns unausweichlich vor das Problem ihrer Interpretation ... Das wiederholte, unvorhersehbare, aber doch regelmäßige Vorkommen des ›großen Wunders‹ in der katolischen Kirche kontrastiert nur um so deutlicher zu dessen Fehlen bei anderen christlichen Bekenntnissen und in den nichtchristlichen Religionen,« Und S. 311 schließt das Kapitel »Das Fehlen des ›großen Wunders‹ außerhalb der katholischen Kirche« (S. 243–311) mit der Bemerkung: »Aus diesem Kapitel meinen wir also den Schluß ziehen zu dürfen, daß die römisch-katholische Kirche wenn schon nicht das absolute – was naturgemäß historisch nicht nachweisbar ist –, so doch zumindest das praktische Monopol dessen besitzt, was wir als ›großes Wunder‹ bezeichnet haben.«

Die Wundertheologie der katholischen Kirche ist nicht bei Monden stehengeblieben. Es sei hier nur eine der neuesten Publikationen erwähnt: Béla Weissmahr: Gottes Wirken in der Welt. Ein Diskussionsbeitrag zur Frage der Evolution und des Wunders, Frankfurt 1973, Frankfurter Theologische Studien, Band 15.

Stelle mit dem nochmaligen Hinweis auf die wertvolle Arbeit bestätigt, die von der Gesellschaft Imago Mundi [2] geleistet wird.

Diese nur beispielhaft angeführten Mentalitäts- und Meinungsdiskrepanzen einschließlich des bestehenden Informationsdefizits sind aber nicht die einzigen Verständigungsbarrieren. Die Behauptung, daß die Erforschung des Paranormalen nicht nur eine theoretische weltanschaulich-philosophische Relevanz hat, sondern auch eine konkret theologische und sogar seelsorgliche, hat nicht einmal Demoskopie und Sozialpsychologie auf ihrer Seite. Denn das jüngste und bedeutende Werk der Religionssoziologie und Kirchenpsychologie, das sich mit den Entwicklungen in unserem engeren deutschspra-

[2] Resch umreißt deren Arbeitsgebiet folgendermaßen: »Unter Grenzgebieten ist hier jener Bereich von Grenzfällen und Vorgängen gemeint, die auf eine die materielle Welt transzendierende Wirklichkeit hinweisen. Im einzelnen kann es sich hier um physikalische, biologische, psychologische und geistige Vorgänge handeln. So gehören hier Fragen wie außergewöhnliche Erfahrung, Materialisation und psychischer Automatismus; Fragen der ›unorthodoxen Heilung‹, der Mystik und des Wunders; der Relativität von Raum, Zeit und Kausalität in Physis, Bios, Psyche und Geist; Fragen der östlichen und überhaupt der menschlichen Weisheit; die Frage der Theosophie, der Anthroposophie und jeglicher Form der Esoterik; die Frage von Entstehung und Untergang der Welt, des Menschen und des Lebens als solchen; die Frage des Hereinwirkens von Geistwesen, des Spiritismus, der Besessenheit und Prophetie; die Frage von Tod, Auferstehung, des Fortlebens nach dem Tode usw. ... Die wissenschaftliche Klärung der angedeuteten Fragen erfordert den Einsatz einer Reihe von Wissenschaften wie Anthropologie, Biologie, Chemie, Kosmologie, Medizin, Mystikforschung, Philosophie, Physik, Psychologie, Religionswissenschaft, Theologie, Völkerkunde.« In: Im Kraftfeld des christlichen Weltbildes, Herausgegeben von Andreas Resch, München–Paderborn–Wien 1968, Imago Mundi I, S. 10.

chigen, vor allem bundesdeutschen Raum befaßt, läßt eher auf eine abnehmende Relevanz im öffentlichen Bewußtsein schließen.

Aus diesem Grund ist zunächst auf einen anregenden Abschnitt des Werkes »Protestanten und Katholiken. Soziologische Analyse konfessioneller Kultur«[3] zu verweisen, in dem Gerhard Schmidtchen u. a. die Astrologiegläubigkeit untersucht hat.

In Ermangelung empirischer Daten über spiritistische Überzeugungen in der Bundesrepublik müssen wir uns mit den Befunden über astrologische Anschauungen im weltanschaulichen Gesamtgefüge begnügen. Dieser mißliche Umstand erfordert eine Begründung.

Die Astrologie gehört zwar nicht in die Parapsychologie, sie trägt jedoch Züge, die für den Okkultismus generell bezeichnend sind und deshalb den Vergleich mangels anderer Materialien rechtfertigen: auch die Astrologie impliziert den Verweis auf die Abhängigkeit des Menschen von einer fremden Macht, und ferner, dies belegt die Demoskopie, besteht ein sozialpsychologisch relevanter Zusammenhang zwischen Astrologiegläubigkeit und Unsterblichkeitsglaube.

Aus den Antworten auf die Frage »Glauben Sie an einen Zusammenhang zwischen dem menschlichen Schicksal und den Sternen?« folgert Schmidtchen u. a.: »Astrologie scheint ein Unsterblichkeitsglaube zu sein. ... Das astrologische Weltbild scheint eine besondere Nahrung für diejenigen zu enthalten, die mit und insbesondere ohne kirchlichen Beistand an ein Fortleben nach dem Tode glauben, an ein übersinnliches Reich ...

[3] Gerhard Schmidtchen: Protestanten und Katholiken. Soziologische Analyse konfessioneller Kultur, Bern–München 1973.

Die Astrologie kann also die Funktion erfüllen, christlichen Unsterblichkeitsglauben zu bestärken. Glaubensinhalte der Hochreligionen werden in diesem Fall durch Aberglauben abgestützt, weniger mit rationalen Mitteln durchkonstruierter theologisch-metaphysischer Systeme als psychologisch.«[4]

Die Bedeutung dieser Aussage über Astrologie soll nun übertragen werden auf spiritistische Überzeugungen, wobei noch einmal betont sei, daß dies nicht empirisch belegt ist, sondern aus der Kenntnis der Argumentation okkulter Schriften und überzeugter Okkultisten legitim erscheint.

Zunächst fällt die Übereinstimmung mit Schmidtchens zitierter Interpretation nicht schwer. Die Beobachtungen daß okkultistisch-spiritistische Überzeugungen einen Religionsersatz oder gar eine Ersatzreligion darstellen, entsprechen dem, was Schmidtchen über den astrologischen Glauben schreibt:

»Die Neigung zum christlich-astrologischen Synkretismus ausgerechnet in den Bevölkerungsgruppen, die an die Unsterblichkeit glauben möchten, die diesen Glauben ausbauen oder verteidigen wollen, deutet darauf hin, daß die christliche Lehre die Unsterblichkeit für zahlreiche Menschen nicht mehr überzeugend darlegen kann.«[5]

Die Demoskopie konstatiert allerdings eine Abnahme der Astrologiegläubigkeit aufgrund der Umfrageergebnisse von 1950 bis 1964. Die Ergebnisse faßt Schmidtchen zusammen: »Im Jahre 1950 wurde zum ersten Mal untersucht, wieviel Deutsche (in der Bundesrepublik) an

[4] A. a. O., S. 309 f.

[5] Ebd., S. 310.

Astrologie glauben, an ›einen Zusammenhang zwischen dem menschlichen Schicksal und den Sternen‹. 30 Prozent erklärten damals, sie glaubten an Astrologie, 20 Prozent hielten immerhin für möglich, daß es die von der Astrologie behaupteten Zusammenhänge gäbe, 50 Prozent wiesen Astrologie als Aberglauben zurück. Im Laufe der folgenden 14 Jahre wuchs die Gruppe der Aufgeklärten langsam, aber beharrlich. 1964 wurde die Astrologie nur noch von etwas über 20 Prozent ernst genommen. Mehr als 60 Prozent bringen heute den Behauptungen der Astrologie kein Verständnis mehr entgegen.« [6]

Schmidtchen warnt vor übereilter Freude seitens der Kirchenvertreter über diesen aufklärerischen Erfolg, denn er vermag eine Parallele zwischen den Entwicklungen der Astrologiegläubigkeit und den Entwicklungen religiöser Überzeugungen aufzuweisen: »Unserer in der Beherrschung von Außenvorgängen und im Vordringen in den Raum sich verzehrenden Epoche wird der Weg in die Metaphysik, der immer ein Weg nach innen ist, mehr und mehr verstellt. Darunter leidet primär die primitive Metaphysik, wie zum Beispiel die Astrologie. Darunter leidet aber auch der christliche Glaube, in erster Linie wahrscheinlich in seinen primitiven Formen mit räumlich lokalisierten Jenseitsvorstellungen.« [7]

Wer in den letzten Jahren die Entwicklung einer »okkulten Welle« beobachtet hat, wird Widerspruch anmelden müssen gegenüber den Folgerungen, die Schmidtchen aus dem Zahlenmaterial von 1950 bis 1964 zieht. Es heißt da: »Die Daten über den Rückgang des Kir-

[6] Ebd., S. 252.
[7] Ebd., S. 256.

chenbesuchs und den Rückgang astrologischen Aberglaubens erzwingen die Revision oder wenigstens Einschränkung zweier religionssoziologischer Theorien: das ist erstens die Hellpachsche Theorie über den Zusammenhang zwischen Religionszerfall und Religionsersatz und zweitens eine vorsichtig, hypothetisch formulierte Theorie von Argyle, daß Religiosität mit dem Wohlstand ansteige.« [8]

Daß hier Kritik an Schmidtchens Arbeit herausgefordert wird, liegt wohl daran, daß sein Werk, 1973 als Buch erschienen, bereits Jahre vorher in der Materialzusammenstellung abgeschlossen war, denn als Habilitationsschrift ist es 1966 datiert[9]. Anders ist es nicht erklärlich, daß Schmidtchen so augenfällig gegenläufige Tendenzen der letzten Jahre nicht registriert.

Der Umschwung in der Entwicklung, um den es hier geht, hat wohl nach dem Höhepunkt der politisch-soziologischen Welle von 1968 eingesetzt. Damit werden gerade aber die für die Theoriebildung von Religionspsychologie und -soziologie entscheidenden Äußerungen Schmidtchens zumindest relativiert. Denn: die »okkulte Welle«, wie auch ein verstärktes Interesse für Astrologie (am Buch- und Zeitschriftenmarkt deutlich ablesbar), ergänzt heute durch die Ufologie, sprechen gerade *für* den Zusammenhang von Religionszerfall und Religionsersatz; und daß »Religiosität mit dem Wohlstand ansteige« gilt heute in dem Sinne, daß das Auftauchen der

[8] Ebd., S. 258.

[9] Gerhard Schmidtchen: Religionssoziologische Analyse gesellschaftlicher Leistungsantriebe. Überführung der Weberschen Thesen zur protestantischen Ethik in eine allgemeine Theorie. Habil.-Schrift, Zürich 1966.

Sinnfrage für nahezu alle gegenwärtig virulenten Subkulturen ein bezeichnendes Charakteristikum ist, und daß nicht wenige Anhänger dieser Subkulturen nun wiederum vom Überdruß an eben dem Wohlstand motiviert sind [10].

Von dieser letzten These, die meines Wissens für die Bundesrepublik noch nicht mit empirischen Daten belegt werden, die aber aufgrund der augenfälligen Tendenzen Glaubwürdigkeit beanspruchen kann, von dieser These ausgehend, soll nun auf die Relevanz des Okkultismus und, als dessen kritisches Korrektiv, der Parapsychologie für Glauben, Kirche und Theologie hingewiesen werden.

1958 schrieb der Schweizer Theologe und Parapsychologe Prof. Gebhard Frei [11] in einem Aufsatz »Der Tod im Lichte der Parapsychologie«: »Der in seinem Glauben Beheimatete, aber auch der Esoteriker, wird sagen, er brauche keine Aussagen der Parapsychologie. Es drängt sie ihm auch niemand auf. Für sehr viele Menschen sind es aber nur noch die empirischen Wege, die ihnen etwas sagen. Alle Wege, die in einer wichtigen Frage menschlicher Existenz weiter helfen, verdienen Beachtung.« [12]

Der Psychotherapeut wisse, fährt Frei fort, wie eng die Fragen nach dem Sinn des Lebens und der Möglichkeit einer Fortexistenz nach dem Tode mit manchen Neurosen, namentlich der zweiten Lebenshälfte, ver-

[10] Vgl. Gerhard Adler: Die Jesus-Bewegung. Aufbruch der enttäuschten Jugend, Düsseldorf 1972, S. 73 ff.

[11] Frei stand der spiritistischen Hypothese sehr nahe.

[12] Gebhard Frei: Probleme der Parapsychologie. Gesammelte Aufsätze. Herausgegeben von Andreas Resch, München–Paderborn–Wien ²1971, Imago Mundi II, S. 106.

bunden seien. So empfiehlt er, die Erkenntnisse der Parapsychologie zu Hilfe zu nehmen und verweist auf Driesch mit dem Zitat, das diesem Büchlein vorangestellt ist: »Die Frage des Überlebens der Person bleibt nun einmal das Hauptproblem aller Wissenschaft, mögen auch unsere offiziellen Philosophen und Psychologen fast alle einen weiten Bogen um sie machen und so tun, als ob sie sie überhaupt nicht sehen.«[13] Wenn man Freis parapsychologische Überzeugungen auch in vielen Punkten, weil von einer mangelhaften empirischen Grundlage getragen, in Frage stellen mag und muß[14], so trifft er doch in diesem Punkt ein zentrales Bedürfnis der Mehrzahl jener, die sich mit Parapsychologie und noch mehr, mit okkulten Lehren auseinandersetzen. Offenbar besteht ein enormer »Nachholbedarf« in Antworten auf die Sinnfrage und das Problem des Weiterlebens nach dem Tode, und dieses Bedürfnis ist für die »okkulte Welle«, aber auch für das ansteigende Interesse an der wissenschaftlichen Erforschung der Grenzfragen wesentlich.

Gibt es ein Leben nach dem Tode? Auf diese wohl drängendste, wenn auch oft verdrängte Frage nach dem Schicksal des Einzelnen jenseits der Schwelle des Sterbens haben Kirche und Theologie in der Vergangenheit eine klare Antwort gegeben und mit dieser Antwort auch jahrhundertelang die Fragenden zufriedengestellt. Im christlichen Raum bestand die ungebrochene Über-

[13] Hans Driesch: Parapsychologie, München o. J., S. 132; bei Frei, a. a. O., S. 106.

[14] So schreibt der Herausgeber der Aufsatzsammlung von Frei, Andreas Resch, a. a. O., S. 8: »Zum rechten Verständnis muß hier noch erwähnt werden, daß Frei, wie aus seinen Ausführungen hervorgeht, nicht so sehr Empiriker, als vielmehr Interpret war, so daß manche Folgerung oft zu leicht und zu rasch erscheinen mag.«

zeugung, daß mit dem Tode nicht alles aus sei. Unterschiedliche Auffassungen gab und gibt es in der Interpretation des »Danach«, in der Ausmalung dessen, was man sich unter Himmel und Hölle, unter Fegfeuer, Zwischenreich, Endgericht, Eingang in die Ewigkeit und der Wiederherstellung aller Dinge vorstellen zu müssen glaubt. Die biblischen Aussagen sind hier zurückhaltend. Die Frage, ob der Einzelne bei seinem Tod unmittelbar das Gericht gewärtigen müsse oder ob erst am »Ende der Zeiten« dieses Gericht stattfinde, wurde zwar unterschiedlich beantwortet, gemeinsam blieb aber die Überzeugung der christlichen Theologen, daß den Menschen ein, wie immer auch geartetes, Nachspiel erwarte – ein Nachspiel, das manche als Drohung empfinden mochten, dem aber doch überwiegend in trostvoller Erwartung entgegengesehen wurde.

Eine der zentralen biblischen Bekräftigungen des »Danach« ist der Streit Jesu mit den Leugnern der Auferstehung, den Sadduzäern, von dem das Markus-Evangelium berichtet[15]. Jesus hält den Sadduzäern entgegen: »Was aber die Tatsache betrifft, daß die Toten erweckt werden: habt ihr nicht im Buch Moses' beim Dornbusch gelesen, wie Gott zu ihm sprach: ›Ich bin der Gott Abrahams, der Gott Isaaks und der Gott Jacobs‹? Er ist kein Gott von Toten, sondern von Lebendigen. Ihr seid also sehr im Irrtum« (12, 26/27).

Diese Vorstellung vom persönlichen Überleben des Todes ist keineswegs nur biblische und christliche Auffassung; die Überzeugung, daß mit dem Tode eine neue Wirklichkeit beginnt, ist Allgemeingut der Weltreligionen.

[15] Markus 12, 18–27.

In dem Maße aber, in dem das Interesse der Philosophie an der Metaphysik geschwunden ist, ist auch in der Theologie die Beschäftigung mit der Frage nach Tod, Danach, Auferstehung und Endgericht zurückgegangen, verdrängt und verschoben worden. Kirche und Theologie behandeln heute die uralten Fragen nach dem Woher, dem Warum und dem Wohin des Menschen recht distanziert bis hilflos. Diese Fragen gehören zwar nach wie vor zur theologischen Systematik, aber während ihnen früher möglicherweise zuviel Raum und auch Phantasie gewidmet wurden, muß man heute den Eindruck gewinnen, daß sie vernachlässigt werden. Das Desinteresse oder die Verlegenheit seitens der Theologie schlagen sich schließlich nieder in der Verunsicherung vieler Geistlicher, die es kaum mehr wagen, in der Verkündigung auf Tod und Danach einzugehen.

Die ausdrückliche Leugnung des persönlichen Fortlebens bleibt der Ausnahmefall, wenn sich heute auch Kirchlichkeit und Verzicht auf Jenseitsglauben nicht mehr auszuschließen scheinen. Eine extreme Stimme in dieser Richtung ist die Theologin Dorothee Sölle, die von sich behauptet:

»Wir interessieren uns nicht für ein Weiterleben nach dem Tode. Ich persönlich gehöre zu den vielen Menschen heute, die nicht an ein Weiterleben nach dem Tode glauben ...[16]

Und an anderer Stelle bemerkt sie: »Wenn ein Mensch fragt, was nach dem Tode wird, dann wird die politische Theologie ihm wahrscheinlich antworten: Laßt die Toten ihre Toten begraben. Es käme doch darauf an,

[16] Zitiert nach Gerhard Bergmann: ... und es gibt doch ein Jenseits, Gladbeck 1971, S. 10 f.

daß du zunächst einmal gelebt hast. Oder: Wie sieht denn dein Leben aus? Oder: In was für einer Lage mußt du dich befinden, daß du diese Frage überhaupt stellst? Und warum fällt dir nicht eine andere Frage ein?«[17]

Es ist hier nicht der Anlaß, einen solchen Standpunkt theologisch zu qualifizieren. Es interessiert vielmehr die Tatsache, daß eine große Zahl von Menschen sich weder mit solchen Aussagen zufriedengibt noch mit der Vernachlässigung der Thematik in der kirchlichen Verkündigung abfindet. Wenn die Theologie diese Fragestellungen beiseite schiebt, wenn die Verkündigung diese Themen mehr oder weniger ausspart, dann suchen Millionen von Menschen die Beantwortung der Fragen des Weiterlebens, des Jenseits und des Lebenssinnes dort, wo ihnen eine Antwort geboten wird. Heute suchen deshalb viele diese Antwort im Okkultismus.

Die rapide Ausbreitung von Okkultbewegungen ist nicht zuletzt Reaktion auf einen radikal innerweltlichen Ansatz in der Glaubensverkündigung. Wo die soziale Komponente des Menschen vereinseitigt herausgestellt und gleichzeitig auf die Beantwortung der individuellen Sinnfrage verzichtet wird, dort wird die biblische Botschaft verkürzt, und legitime menschliche Bedürfnisse kommen nicht mehr zu ihrem Recht. Hinzu kommt die

[17] Zitiert nach Gerhard Adler (Hrsg.) Christlich – was heißt das? Düsseldorf 1972, S. 53.

Auf dem Evangelischen Kirchentag 1973 in Düsseldorf hielt Dorothee Sölle einen Vortrag zum Thema »Tod und Zukunftsgestaltung«, der ergänzend genannt sei, in: Worauf ist Verlaß? Bibelarbeiten und Vorträge in der Arbeitsgruppe Glauben, ein Abendvortrag und zwei Aussprachen vom Schlußgottesdienst des 15. Deutschen Evangelischen Kirchentages, Düsseldorf 1973, Stuttgart–Berlin 1973, S. 76–83.

Intellektualisierung einer Theologie, die sich um eine auch rationalistischen Ansprüchen genügende »Wissenschaftlichkeit« bemüht.

Alle jene weltanschaulichen Konzepte und Strömungen, die sich anheischig machen, die Sinnfrage des Lebens zu erörtern oder gar das Weiterleben nach dem Tode zu »beweisen«, alle diese Denkrichtungen haben heute enormen Zulauf.

Es ist daher nicht erstaunlich, daß den Kirchen in den Okkultbewegungen eine Konkurrenz erwächst, daß darüber hinaus sogar aus den eigenen Reihen der Vorschlag kommt, den Okkultismus zu integrieren und als Glaubenshilfe anzubieten. Kirche und Theologie sehen sich plötzlich im eigenen Raum mit dem alten Erbfeind »Okkultismus« konfrontiert, vor allem in seiner spiritistischen Form, zudem unter der Bezeichnung »Parapsychologie«. Dies zwingt die Theologie zur Auseinandersetzung mit der okkulten Weltanschauung und gleichzeitig zur Beschäftigung mit der Parapsychologie, die sich in wissenschaftlicher Form mit den okkulten Phänomenen befaßt.

Ein offener Brief an den Evangelischen Kirchentag von 1971 mit dem Thema »Glaubensnot« stellte die Frage: »Warum ignorieren die Kirchen die Erkenntnisse der Parapsychologie bezüglich des Fortlebens nach dem Tode?« [18]

1973 schließlich fand dann nach vielen Bemühungen

[18] Als Flugblatt verbreitet, darin heißt es: »Viele okkulten und parapsychologischen Erscheinungen sind Durchbrüche der geistigen Welt in unsere sichtbare Welt. Sie werden immer eine gewisse Beziehung zu dem haben, was die Kirchen lehren und gehören daher zu ihrem ›Arbeitsbereich‹.«

und gegen manchen Widerstand eine Gruppe von Pfarrern und Gläubigen auf dem Evangelischen Kirchentag in Düsseldorf das gewünschte Forum für die Beschäftigung mit okkulten Phänomenen. Unter dem Titel »Parapsychologie« wurden im Themenbereich »Glaube« ein Vortrag und Diskussionen veranstaltet, die eine breitere Öffentlichkeit von der Relevanz okkulter Erscheinungen für den christlichen Glauben überzeugen sollten.

Welche Intentionen ein Teil dieser Initiativgruppe verfolgte (der Kirchentag von 1971 hatte das Thema: Glaubensnot, der von 1973: Nicht vom Brot allein), machen die vorbereitenden Papiere[19] deutlich, die in ihren zentralen Aussagen wiedergegeben werden sollen.

Obwohl diese Arbeitsgruppe in ihrem theologischen Konzept einen nahezu evangelikalen Zuschnitt aufweist, betont sie, daß es nicht um Auseinandersetzung mit den verschiedenen theologischen Meinungen gehe. »Uns liegt es vielmehr nur an dem Bewußtmachen einer geistigen unsichtbaren Wirklichkeit, aus der heraus Jesus wirkte und die unseren Glauben aus einem theoretischen Fürwahrhalten zu einer wichtigen Erfahrung der Gottesbegegnung werden lassen kann.« Kirchentagsbesucher sollten angesprochen werden, um sie zum Nachdenken anzuregen und ihnen zu helfen, »in ihrem Glauben bewußter und fester zu stehen«. Das Hauptziel jedoch ist missionarisch, den »dem Glauben noch fernstehenden Mitmenschen« soll »in der vorgerückten Weltenstunde« geholfen werden »zum christlichen Glauben zu kommen, auch wenn dieser letztlich ein Geschenk Gottes ist«[20].

[19] Datiert vom 30. 8. 1972.
[20] A. a. O., S. 1.

Materialistische und atheistische Erziehung sowie »übertriebene Wissenschaftsgläubigkeit« erschwerten heute die Annahme der Botschaft des Evangeliums. Diese Barriere müsse in ihrer Trughaftigkeit aufgewiesen und zerschlagen werden. Dies könne geschehen durch den Aufweis: »Die moderne Naturwissenschaft versperrt nicht den Weg zu Gott!« »Eine zweite Möglichkeit, die Glaubenshindernisse zu beseitigen, ist mittels der in allen Jahrhunderten und allen Ländern auch heute noch zu beobachtenden okkulten Erscheinungen gegeben.« Wenn auch ungewöhnlich und selten, ergäben sie doch »eine erdrückende Menge von Material, das eine überzeugende Sprache redet und jeden ehrlichen Sucher dazu zwingt, sein Weltbild durch Integrierung der unsichtbaren Wirklichkeit in sein Bewußtsein zu erweitern. Es gilt, das Interesse dafür zu wecken, da diese Paraerscheinungen Parallelen zu Berichten der Bibel geben und sie dadurch auch für den größten Skeptiker glaubwürdig machen. Der Geist der Evangelien wird einem vertraut und rückt aus weiter Ferne in greifbare Nähe.«[21]

So ehrenwert das Anliegen dieser Arbeitsgruppe ist, so bedenklich ist ihr methodisches Vorgehen; daß nämlich die »Parapsychologie« für die Glaubensbegründung herangezogen wird, und zwar in einer Weise, gegen die sich die Parapsychologen selbst verwahren. Zunächst aber die entscheidende Stelle aus den Arbeitspapieren:

»Durch die Forschungen der Parapsychologie ist auch erwiesen, daß der Mensch nach dem leiblichen Tode, d. h. als Geistwesen, weiterlebt. Diese Feststellung ist

[21] Ebd., S. 2.

insofern wichtig, weil in der evangelischen Kirche von der Bibel ausgehend, indem verschiedene Stellen zitiert werden, zwei Meinungen nebeneinander bestehen:

a) vollständiger Tod des ganzen Menschen und Auferstehung erst am Jüngsten Tage und

b) ein Weiterleben gleich nach dem Tode.

Die Tatsache des Weiterlebens hervorzuheben und sie zur allgemeinen Geltung zu bringen, ist sowohl für die weitere Vertiefung des Glaubens als auch für seine Ausbreitung wichtig!

Um Mißverständnissen vorzubeugen, sei gesagt, daß wir die Erkenntnisse und Erfahrungen der Parapsychologie nicht etwa als Ersatz für den christlichen Glauben betrachten. Der Entschluß, das Risiko des Glaubens auf sich zu nehmen, kann niemandem abgenommen werden. Was wir bezwecken, ist: viele aufgerichtete Hindernisse auf dem Wege zum Glauben zu beseitigen und wieder Mut zum Glauben zu geben.«[22]

Auseinandersetzungen hat es bereits um die Aufnahme dieser Thematik gegeben, die Spannungen und Mißverständnisse werden die evangelische Kirche auch noch eine Zeitlang beschäftigen. Es ist nicht zuletzt der große Informationsmangel, der für Begriffsverwirrungen und Mißverständnisse verantwortlich ist. So kommt es zu Kontroversen, in denen die Gegner vielfach nicht die gleiche Sprache sprechen. Kurt Hutten von der Evangelischen Zentralstelle für Weltanschauungsfragen machte schon vor dem Kirchentag auf ein Grundproblem aufmerksam: »Ich habe da einiges Kritische dazu zu vermerken. Ich meine, das ganze Unternehmen, daß man

[22] Ebd., S. 3.

diese Thematik in den Kirchentag hereinbringt, halte ich für nützlich und notwendig. Aber daß man nun dafür den Begriff ›Parapsychologie‹ verwendet, das halte ich für falsch. Denn Parapsychologie ist die Bezeichnung für einen wissenschaftlichen Forschungszweig, während das, was im Kirchentag nun vorgebracht wird, wesentlich die spiritistische Weltauffassung ist. Und das sollte man nicht durcheinandermengen.« [23]

Das Hauptreferat bei den Veranstaltungen der Arbeitsgruppe »Parapsychologie« übernahm schließlich Professor Ernst Benz [24], womit eine glückliche Lösung gefunden war. Einerseits steht Benz mit seiner Theologie den traditionsbestimmten Kräften in der evangelischen Kirche und somit auch den Initiatoren des Themas »Parapsychologie« nahe, andererseits ist Benz auch als Kenner paranormaler Phänomene ausgewiesen, nicht zuletzt durch seine Arbeiten über Swedenborg und die Vision.

Benz ist es gelungen, die gnostisch anmutenden Erwartungen auf ein vertretbares Maß zu reduzieren, das Anliegen selbst dabei aber deutlich zu machen. Schließlich ist sein Referat auch eine ernstzunehmende Anfrage an die empirisch orientierte Parapsychologie.

Benz widersprach ganz eindeutig dem Anspruch der zitierten vorbereitenden Papiere, wenn er ausführte: »Die Parapsychologie kann die Existenz eines Lebens nach dem Tode nicht wissenschaftlich beweisen.« [25] Andererseits verweist er auf parallele Erscheinungen in der Bibel sowie im religiösen Leben einerseits und der para-

[23] Tonband-Interview 1973.

[24] Ernst Benz: Christlicher Glaube und Parapsychologie, in: Worauf ist Verlaß?, siehe Anm. 17, a. a. O., S. 97–121.

[25] A. a. O., S. 114 f.

psychologischen Forschung andererseits: »Ein Blick in das Neue Testament zeigt uns aber, daß die Charismata nicht nur die rationale Sphäre, sondern auch die supra-rationale wie die seelische und die leibliche Sphäre betreffen und sogar auf die Welt der Tiere und der Elemente Einfluß haben. Diese Charismata werden im Neuen Testament als die schon jetzt beginnende Wirkung der Kräfte des nahe herbeigekommenen und mit Jesus Christus mitten unter uns schon jetzt im Anbruch begriffenen Gottesreiches verstanden. Sie alle tragen das Zeichen einer anderen Wirklichkeit, die in unsere irdische, raumzeitlich orientierte Wirklichkeit hineinwirkt, und weisen insofern eine direkte Analogie zu den parapsychischen Phänomenen auf.«[26]

Und weiter: »Das hat nun einige Folgen für die Betrachtungsweise der Evangelien und auch der Kirchengeschichte.«[27] »Entmythologisieren heißt, sich vor den geistlichen, seelischen und leiblichen Realitäten der christlichen Glaubenserfahrung zu drücken, indem man sie leugnet.«[28] »Der Blick auf die Ergebnisse der Parapsychologie nötigt die Theologie, von dieser Fixierung auf einen längst überholten Wissenschaftsbegriff abzurükken und endlich einmal wieder die Realität der charismatischen Phänomene, die sich in ihrem geistlichen Leben bekunden, zur Kenntnis zu nehmen . . .«[29]

Benz führt die notwendigen Unterscheidungen noch weiter aus. Wenn auch eine deutliche Analogie bestünde, so dürfe dies jedoch nicht dazu verführen, »den christ-

[26] Ebd., S. 103.
[27] Ebd., S. 105.
[28] Ebd., S. 106.
[29] Ebd., S. 107.

lichen Glauben seinerseits auf die Ergebnisse der Parapsychologie festzulegen, etwa in dem Sinn: Ich glaube nur, was durch die Parapsychologie bewiesen oder bestätigt ist. Es ist gut, daß die Parapsychologie ihre eigene Fachsprache hat ... und keine der biblischen Sprache entnommenen Begriffe verwendet. Sie verhindert dadurch, daß sie vorschnell zum Instrument einer christlichen Apologetik gemacht wird, und läßt andererseits dadurch dem christlichen Glauben seine eigene spirituelle Freiheit. Die charismatischen Phänomene haben nämlich bei aller Analogie zu entsprechenden parapsychischen Phänomenen ihre unverkennbare Besonderheit. Diese besteht vor allem darin, daß sie in einen bestimmten heilsgeschichtlichen Rahmen hineingehören, daß sie sich selber einem bestimmten heilsgeschichtlichen Zusammenhang zugehörig wissen und sich von anderen analogen Phänomenen auch qualitativ unterscheiden.« [30]

Abschließend moniert Benz, daß sich die wissenschaftliche Parapsychologie weitgehend von Denkmodellen prägen lasse, die der Technik entlehnt seien. »Entspricht die Reduktion der parapsychischen Phänomene auf solche technischen Modelle der tatsächlichen Gestalt der lebendigen menschlichen Persönlichkeit? [31] Benz beantwortet seine eigene Anfrage mit der Mahnung, nicht »über den technischen Methoden der experimentellen Untersuchung des Mini-Vorkommens von Psi den Blick auf den inneren Zusammenhang aller Stufen parapsychischer Phänomene im Bereich der menschlichen Gesamtpersönlichkeit zu vernachlässigen.« [32]

[30] Ebd., S. 116 f.
[31] Ebd., S. 120.
[32] Ebd., S. 121.

Das ausgeglichene Referat von Benz stellt gewiß eine Gesprächsbasis dar, auf der das Verhältnis von Parapsychologie und Theologie weiter diskutiert werden kann. Ob sich allerdings die Autoren der Arbeitspapiere auf Dauer mit dieser Einschätzung ihres Anliegens zufriedengeben werden, bleibt abzuwarten.

Die Absicht, der radikalen Bibelkritik Widerstand zu bieten, läßt die Parapsychologie manchem als eine willkommene »Widerlegung« von Rationalismus, Ganztodtheorie und anderen für die gegenwärtige theologische Szene bezeichnenden Begriffen und Haltungen erscheinen. Die Argumentation ist jedoch nicht immer von der gleichen Unterscheidungsfähigkeit wie bei Benz geprägt. Über den Kirchentag hinaus sind es vor allem populäre Publikationen, die aus der Parapsychologie vorschnell einen »Beweis« für Glaubensüberzeugungen machen möchten. Gegenwärtig interessieren sich vorwiegend evangelikale und pietistische Kreise für die Thematik und erkennen in ihr auch einen apologetischen bzw. glaubensbegründenden Wert. Man kann das nun nicht einfachhin befürworten oder ablehnen. Die notwendigen Unterscheidungskriterien sollen uns noch beschäftigen.

Als ein für viele Schriften und Kleinschriften repräsentative Publikation sei hier das Buch »... und es gibt doch ein Jenseits« erwähnt, das der bekannte Evangelist Gerhard Bergmann[33] verfaßt hat. Diese weitverbreitete Schrift, die in der Tat als Einführung in die Probleme der Paranormologie und der daraus entstehenden weltanschaulichen und theologischen Fragen

[33] Siehe Anm. 16.

empfehlenswert ist, zeigt leider den verbreiteten Mangel an methodischer Klarheit. Wenn Bergmann hervorhebt, »daß die Parapsychologie eine vortreffliche Hilfswissenschaft für die Theologie und Philosophie ist«[34], so ist ihm in einem spezifischen Sinne Recht zu geben; auch die Philologie ist eine theologische Hilfswissenschaft. Bedenklich dagegen ist, daß Bergmann nahezu alle spiritistischen Überzeugungen als wissenschaftlich bewiesen ausgibt, Phänomene, die noch keineswegs empirisch abgeklärt sind: Feinstofflichkeit, Materialisation, Exteriorisation, und dergleichen werden als Tatsachen vorausgesetzt und für schwerwiegende Folgerungen herangezogen. So heißt es beispielsweise: »Nun aber wies die Parapsychologie nach: Es gibt einen Austritt der Geistseele aus ihrer leiblichen Behausung. Dieses Faktum kann einfach nicht bestritten werden. In Verbindung damit aber mußte anerkannt werden:

1. Es gibt die Tatsache der Verdoppelung und der Materialisation.

2. Es gibt die Tatsache der Bilokation, also daß jemand gleichzeitig an zwei Orten sein kann.«

Dies ist zunächst noch okkultistische Überzeugung und mehr nicht. Die Parapsychologie hat, wie zu zeigen sein wird, auch für diese Phänomene gewisse Erklärungshypothesen parat, die aber mit den Bergmannschen Behauptungen nicht einfach harmonisierbar sind. Daß es hier nicht nur um wissenschaftliche Streitfragen geht, zeigt Bergmann mit den sich anschließenden Ausführungen: »Damit aber begegnen sich wieder Wissen und Glaube. Denn die Heilige Schrift deutet diesen Vor-

[34] A. a. O., S. 26.

gang in ähnlicher Weise an ... Nachdem Philippus den Kämmerer getauft hatte, heißt es: ›Da sie aber aus dem Wasser heraufgestiegen waren, *rückte der Geist des Herrn den Philippus hinweg*, und der Kämmerer sah ihn nicht mehr‹ (Apg 8, 39). Welche Folgerungen liegen allein in diesem einen Vers!« [35]

Wenn auch anzuerkennen ist, daß die Exegese vor derartigen Berichten hilflos dasteht, wenn es um die Frage nach Faktizität oder Möglichkeit von »Entrükkung« geht, so ist jedoch hinzuzufügen, daß mit der einfachen Parallele in der okkultistischen Erfahrung nicht allzuviel gewonnen ist.

Kritische Anmerkungen fordert Bergmanns Buch auch in zahlreichen anderen Punkten heraus. So wird der Transzendenz-Begriff zur Verwirrung des Lesers sowohl für die paranormalen Phänomene als auch für die Dimension des Jenseitigen im theologischen Verständnis verwendet, und beides geht gelegentlich ineinander über. Das Menschenbild Bergmanns zeigt Anklänge an den platonischen Dualismus und an gewisse neuscholastische Psychologievorstellungen [36], die heute nahezu als mechanistisch empfunden werden [37].

Und mit der Sicherheit, die Bergmann heute in kaum mehr haltbaren Vorstellungen findet, erscheinen ihm

[35] Ebd., S. 250 f.

[36] Bergmann beruft sich ausdrücklich auf Alois Wiesinger: Okkulte Phänomene im Lichte der Theologie, Graz 1948. Dort ist, um ein Beispiel zu geben auf S. 129 zu lesen: »Die Seele ist, wie wir bereits bewiesen haben, ein Geist. Sie kann daher, wenn sie wenigstens teilweise leibfrei wird, wie ein reiner Geist Entferntes erkennen und alles, worauf sie ihre Aufmerksamkeit richtet und was eine Tatsache darstellt.«

[37] Bergmann, a. a. O., S. 70, 99.

auch die Weltbilder von Rationalismus und Materialismus sehr rasch widerlegt. (Gewiß gibt es für diese Argumentationsweise auch eine große Zielgruppe; nicht weniger bedenklich wird dadurch die Argumentation.) Es sei hier wiederholt: der Versuch Bergmanns, Glaubenshilfe zu bieten, ist ehrlich und anerkennenswert, geht allerdings die Wege einer überholten Apologetik, die gegen den Rationalismus rationalistisch argumentiert und damit manche Dimensionen gar nicht in Griff bekommen kann.

Der etwas übereilte Bezug auf das Jenseits im religiösen Sinn ist aber nur die eine Seite des Problems. Während Vertreter der spiritistischen Weltdeutung im evangelischen Raum okkulte Erfahrungen als Glaubenshilfe einzuführen bemüht sind, gibt es in der gleichen Kirche auch noch militante Gegner der wissenschaftlichen Parapsychologie. Diese unnötige Kontroverse macht die Verwirrung vollständig. Pfarrer Friedrich-W. Haack[38], der Beauftragte der Evangelischen Landeskirche in Bayern für Weltanschauungs- und Sektenfragen, hat sich über parapsychische Phänomene in einer Weise geäußert, die bei Unkundigen den Eindruck erwecken können, es handele sich da nur um Selbsttäuschung oder Betrug[39].

[38] Friedrich-W. Haack: Rendezvous mit dem Jenseits. Der moderne Spiritismus/Spiritualismus und die Neuoffenbarungen. Bericht und Analyse, Hamburg 1973.

Vgl. dazu die Buchbesprechung von Kurt Hutten, in: Zeitschrift für Parapsychologie und Grenzgebiete der Psychologie, 15. Jg., Nr. 4, S. 242–244.

Seine Kritik an der Parapsychologie hat Haack in Illustrierten lanciert.

[39] Bender dazu in einem Interview: »Für ihn gibt es keine parapsychischen Phänomene, die sind alle Selbsttäuschung und Betrug. Er veröffentlicht das mit reichlichem Gebrauch der Massenmedien

Die konträren Stellungnahmen, die mit den Namen Bergmann und Haack gekennzeichnet werden können, machen deutlich, welche Brisanz das Thema Parapsychologie im kirchlichen Kontext gewonnen hat. Von dieser Polemik wollen wir im Folgenden absehen und uns der grundsätzlichen Frage zuwenden: Haben sich Parapsychologie/Paranormologie und Theologie überhaupt etwas zu sagen? Wenn ja (die Ausführungen von Benz lassen bereits diese positive Wertung erwarten): inwieweit können die Forschungsergebnisse einer empirischen Wissenschaft im theologischen und kirchlichen Gespräch relevant werden, wo trennen sich Methode und Erkenntnismöglichkeiten von Theologie einerseits und Parapsychologie andererseits?

Der Zugang der einzelnen Konfessionen zur Frage des Paranormalen wird vorwiegend von ihrer jeweiligen theologischen Problematik bestimmt. So ist es in der evangelischen Kirche in erster Linie die Frage der Entmythologisierung, die das Interesse erweckt. In der katholischen Kirche stehen das Wunderproblem, charismatische Erscheinungen sowie die Besessenheit im Zentrum des Gesprächs.

Den christlichen Kirchen gemeinsam ist die Frage nach der Existenz einer vom Leiblichen getrennten Psyche, an die sich das Problem des Verhältnisses von Leib und Seele und die Überlebensproblematik knüpfen.

Ich frage mich nur, woher weiß er das eigentlich? Woher bezieht ein solcher Mann nun das Selbstvertrauen, gegen eine ganz große Zahl reputierter Gelehrter aller Disziplinen nun das mannhaft zu behaupten? Da fragen wir natürlich immer, wo sitzt da das Vorurteil, wo sitzt da der Komplex? Das muß irgendwie darin ruhen, daß er fürchtet, die Parapsychologie könnte eine Art Ersatzreligion werden.«

Beginnen wir mit dem für die Exegese vordringlichen Problem. Die Parapsychologie vermag Anregungen für ein sachgerechtes Bibelverständnis zu bieten, beschränkt jedoch auf die Phänomene, die in den Schriften überliefert sind – der religiöse Zeichencharakter entzieht sich naturgemäß der Empirie. Die Bereicherung liegt in erster Linie auf der Ebene sachlicher Informationen. Die rationalistisch-mechanistische Weltanschauung und ein entsprechendes Bibelverständnis sind bekanntlich für den Glauben nicht förderlich gewesen. Das Weltbild der Aufklärung, das nicht über die drei handgreiflichen Dimensionen hinausfragte, die Fragestellung des »Danach« schon als solche für unwissenschaftlich erklärte und deshalb ablehnte, dieses Weltverständnis, hat sich auch in der Theologie bemerkbar gemacht. Es fragt sich heute, ob manche Theologen bei ihrem begreiflichen Versuch, sich dem mechanistisch-rationalistisch denkenden Menschen verständlich zu machen und die »Wissenschaftlichkeit« der Theologie zu rechtfertigen, nicht zu weit gegangen sind und die Eigenart des Religiösen möglicherweise außer acht gelassen haben. Die Nachwirkungen des aufklärerischen Rationalismus haben einen Niederschlag zum Beispiel in den Bibelwissenschaften gefunden. Wenn dafür Rudolf Bultmann zitiert wird, so sei ausdrücklich vermerkt, daß nicht sein theologischer Ansatz zur Diskussion steht, sondern die wissenschaftlichen und weltanschaulichen Voraussetzungen, die seinem Entmythologisierungsprogramm zugrunde liegen. Das in unserem Zusammenhang entscheidende Zitat lautet:

»Man kann nicht elektrisches Licht und Radioapparate benutzen, in Krankheitsfällen moderne medizinische und klinische Mittel in Anspruch nehmen und gleichzeitig an die Geister- und Wunderwelt des Neuen Testaments glauben. Und wer meint, es für seine Person tun zu können, muß sich klar machen, daß er, wenn er das für die Haltung christlichen Glaubens erklärt, damit die christliche Verkündigung in der Gegenwart unverständlich und unmöglich macht.«[40]

Eine solche Theologie wird nun selbst zum Gegenstand kritischer Auseinandersetzung seitens der Parapsychologie, wie Professor Bender deutlich macht:

»Wir halten dem rationalistischen Bibelverständnis, also der sogenannten Entmythologisierung, entgegen, daß die von der evangelischen Theologie gesuchte Wissenschaftsnähe hier nun nicht funktioniert, denn man hinkt nämlich dem Stand der Wissenschaft um gute dreißig Jahre nach. Mittlerweile hat sich herumgesprochen, daß es empirisch feststellbare Erscheinungen gibt, die außerhalb der gegenwärtigen Erklärungsmöglichkeit stehen, Erscheinungen der außersinnlichen Wahrnehmung, Erscheinungen der unerklärlichen Wirkung der Psyche auf die Materie, die im gegenwärtigen naturwissenschaftlichen Weltbild nicht erklärt werden können (die also relativ zum physikalischen Weltverständnis transzendent sind). Das heißt, daß die Wundergeschichten des Alten und Neuen Testaments, oder die meisten von ihnen, durchaus nach unserem gegenwärtigen Wissen als Fakten denkbar sind. Gefragt, welche im religiösen Kontext genannten Wunder vielleicht keine

[40] Rudolf Bultmann: Kerygma und Mythos I, Hamburg 1951, S. 18; hier zitiert nach Heinz Zahrnt: Die Sache mit Gott, München 1967, S. 279.

parapsychologische Analogie finden, würde ich sagen, die leibliche Auferstehung und die Totenerweckung.«[41]

Während Bender in Kenntnis der Faktizität paranormaler Phänomene wichtige Voraussetzungen radikaler Bibelkritik infrage stellt, bemühen sich umgekehrt einige wenige Theologen, die von Parapsychologie und Paranormologie geleistete Bewußtseinserweiterung für Theologie und Glaube positiv nutzbar zu machen, nämlich dort, wo der Glaube durch ein heute überholtes Weltbild beeinträchtigt, wo durch die Eliminierung biblischer Geschichten die Botschaft selbst in Frage gestellt wird.

Übertriebene Erwartungen wurden bereits gekennzeichnet: es geht aber nicht an, in jedem paranormalen Phänomen unmittelbar das Wirken von Engeln und Teufeln, das Hereinragen des Jenseits in die Immanenz zu erblicken.

Fruchtbarer wird das Bemühen dort, wo die Unterscheidungen zwischen Glauben und Wissen, zwischen Natur und Transzendenz aufrechterhalten werden.

So unterstützt der Theologe Adolf Köberle aus seelsorglicher Erfahrung die Beschäftigung mit der Parapsychologie, weil sie manche rationalistische Engführung zu durchbrechen vermöge. Köberle hält sich auch für die spiritistische Interpretation mancher Phänomene offen, eine Möglichkeit, die sich biblisch begründen läßt. Die strikte Reduktion aller paranormalen Erscheinungen auf die Wirkungen des Unbewußten im Sinne des reinen Animismus vollzieht er nicht mit. Aus einem Interview seien hier einige längere Ausschnitte wiedergegeben:

»Sicher geht es im Zentrum der biblischen Botschaft

[41] Tonband-Interview 1973.

um die personale Begegnung zwischen Gott und Mensch. Gleichzeitig aber ist ja die Bibel Alten und Neuen Testaments voll von wundersamen Berichten, wir hören etwa von Wahrträumen bei Joseph in Ägypten, bei Daniel, oder auch in der Weihnachtsgeschichte, wir hören von Fernheilungen, wir hören sogar von einem Tier, das übersinnliche Empfindungen hatte – Bileams Esel. Wenn wir an die radikale moderne historisch-kritische Forschung denken, dann eliminiert die das alles und erklärt, das sei also Legende, Sage, Mythos, antike Fabulierlust, und dem allen komme in gar keiner Weise Glaubwürdigkeit zu, denn wir wissen ja als modern aufgeklärte Leute, daß es so etwas nicht gibt. Die Folge davon ist, daß immer mehr Menschen den Eindruck gewinnen: also ist kein Verlaß auf die biblischen Berichte; man muß das meiste streichen oder muß es, wie Bultmann versucht hat, entmythologisieren, das heißt uminterpretieren, existential interpretieren als Ausdruck eines Selbstverständnisses, und dadurch wird natürlich sehr viel Vertrauen zum Umgang mit der Bibel abgebaut. Aufgrund der Erfahrungen, die uns die Parapsychologie in reichlicher Menge mitteilt, aus Vergangenheit und Gegenwart, kann man sagen, dieser Abbau ist gar nicht nötig, denn Ungezähltes von dem, was uns da berichtet wird, ist gestern und heute so gut bestätigt, daß man also keinen Grund und Anlaß sieht, das infrage zu stellen und insofern kann man in der Tat ein wenig Apologetik treiben, auch mit Hilfe der Parapsychologie, für das große Heer der Zweifler und Skeptiker, das wir heute vor Augen haben.

Und da habe ich nun meinerseits die Beobachtung gemacht, daß gerade solche säkuläre Menschen, die für die kirchliche Verkündigung nicht mehr geöffnet waren, zum ersten Mal wieder – ich drücke mich vorsichtig aus – nachdenklich geworden sind, vielleicht auch erschüttert worden sind, durch irgendeine übersinnliche Erfahrung, die sie selbst gemacht haben oder in ihrem nächsten Bekanntenkreis, Erfahrungen von so irrationaler und gleichzeitig realer Mächtigkeit, daß sie das nachdenklich und stutzig gemacht hat in dem Sinn:

Es scheint also doch über diese sichtbare Wirklichkeit hinaus noch Realitäten zu geben, die man nicht ableugnen kann. Das ist bestimmt noch kein lebendiger Gottesglaube, aber es ist ein Aufbruch aus der reinen Diesseitigkeit in der Richtung, sich auch doch noch zu öffnen für Realitäten, die über die Empirie hinausreichen.

Reich Gottes ist sicher etwas anderes als das Unbewußte und sicher auch etwas anderes als die Gabe des Fernsehens und Fernfühlens und Fernahnens, aber ich sage noch einmal, es wird immerhin durch diese Vollzüge etwas aufgebrochen, was bisher total verhärtet war.« [42]

Die seelsorgliche Erfahrung ist es, die Köberle veranlaßt, auch okkulte Denkweisen nicht einfach nur apologetisch abzuwehren, sondern die jeweiligen entscheidenden Denkansätze anzunehmen und pastoral zu nutzen [43].

Auch im katholischen Raum ist das Interesse an paranormalen Phänomenen auf wenige Theologen be-

[42] Tonband-Interview 1973.

[43] Adolf Köberle: Die Welt des Übersinnlichen. Hindernis oder Hilfe auf dem Weg zum Glauben, in: Neue Zeitschrift für Systematische Theologie und Religionsphilosophie, 13. Band, 1971, Heft 2, S. 176–187.

Vgl. auch Joseph Möller: Philosophisch-theologische Aspekte der Parapsychologie, in: Zeitschrift für Parapsychologie und Grenzgebiete der Psychologie, Jg. 14, Nr. 2/3, S. 49–67.

schränkt, nicht zuletzt als Reaktion auf die bereits erwähnte frühere Verbreitung von Wundergläubigkeit und Mirakelsucht. Wo allerdings ein wissenschaftlicher Zugang zur Parapsychologie gesucht wird, besteht die Überzeugung, daß diese Wissenschaft den gängigen Rationalismus in Frage stellen und somit auch theologische Denkweisen befruchten kann.

Andreas Resch, bestätigt die Bedeutung der Grenzgebiete für Theologie und Kirche:

»Die Erforschung von Phänomenen, zum Beispiel spontane Heilungen durch Handauflegen und dergleichen, von denen die Bibel berichtet und die auch aus Lourdes und Fátima berichtet werden, diese Erforschung kann den Menschen heute geneigt machen, zu sagen: wenn wir diese Phänomene mit den normalen Kenntnissen der Wissenschaft nicht erklären können, aber sagen müssen, daß sie tatsächlich vorgekommen sind, dann könnte man wohl auch sagen, es dürfte dann auch damals so gewesen sein, wie es in der Bibel berichtet wird. Hier liegt überhaupt eine große Gefahr, die eine zu starke Wissenschaftsgläubigkeit mit sich bringt, daß man nur das als existent betrachtet, was wissenschaftlich bewiesen ist. In Wirklichkeit können aber hundert Sachen bestehen, obwohl die Wissenschaft sie nicht beweisen bzw. nicht erklären kann.« [44]

Im Vordergrund des katholischen Interesses an Parapsychologie und Paranormologie stehen jene seltenen Erscheinungen, die traditionellerweise unmittelbar mit einer religiösen Deutung versehen wurden: die sogenannten Wunder, zumeist außergewöhnliche Heilungen, so-

[44] Tonband-Interview 1971.

wie Besessenheit und Exorzismus. Bei der Untersuchung der Phänomene begegnet die Theologie einer empirischen Wissenschaft. Dadurch stellt sich das Problem des Verhältnisses von Glauben und Wissen, das zunächst an einem Beispiel zu erläutern ist. Die Parapsychologie weiß heute, daß es Präkognition gibt, also das Vorauswissen erst künftiger Ereignisse. Dies erlaubt es, auch Wahrträume und Prophetien, wie sie in der Bibel berichtet werden[45], als mögliche und wahrscheinliche Vorgänge zu akzeptieren. Daß diese jedoch im Heilsplan Gottes sinnvoll eingeordnet seien, eine solche *religiöse* Deutung entzieht sich der Methodik wissenschaftlicher Parapsychologie. Dies gilt entsprechend für ungewöhnliche Heilungen (die auch im außerchristlichen Raum berichtet werden[46]). Die Parapsychologie vermag derartige Vorkommnisse rein immanent zu deuten. Eine Aussage über den von der Theologie angenommenen religiösen Zeichencharakter verbietet sich naturgemäß der Empirie. Ein Beispiel aus Benders Forschungsarbeit kann den wissenschaftlichen Zugang zu den Phänomenen demonstrieren, die im religiösen Kontext angesiedelt sind. Besonders eindrucksvoll ist das sogenannte Blutwunder des heiligen Januarius.

Bekanntlich verflüssigt sich im Dom von Neapel zu bestimmten Festen und bei religiös motivierten Veranstaltungen eine dunkle Masse, die als das Blut des Heiligen seit Jahrhunderten verehrt wird. Dieses paranor-

[45] Vgl. Andreas Resch: Der Traum im Heilsplan Gottes. Deutung und Bedeutung des Traums im Alten Testament, Freiburg–Basel–Wien 1964.

[46] Vgl. Ernesto Bozzano: Übersinnliche Erscheinungen bei Naturvölkern, Bern 1948.

male Geschehen gehört zu den bestdokumentierten Phänomenen; genaue und bezeugte Protokolle reichen weit in die Geschichte zurück; darüber hinaus aber – und das muß die Gegner der Parapsychologie besonders verwirren – ist das Blutwunder auch heute noch zu beobachten.

Die Paranormologie hat nun zunächst zu bestimmen, ob und inwiefern dieses Geschehnis von den bekannten Naturgesetzen abweicht, also die Qualifikation »paranormal« beanspruchen kann. Die Frage kann in diesem Falle etwa lauten: gibt es im Bereich von Physik und Chemie Erfahrungen, die eine spontane Verflüssigung, eine Volumenerweiterung und eine Gewichtszunahme dieser Blutmasse erklären können?

Daß diese Erklärung noch nicht geleistet werden kann, bedeutet jedoch nicht, daß die empirische Wissenschaft den religiösen Volksglauben, der Heilige wirke immer noch, bewiesen habe, Bender ist bemüht, wegen der religiösen Deutung in derartigen Fällen nicht nur Naturwissenschaftler, sondern auch Theologen als Gesprächspartner zu gewinnen.

Nun zur vorläufigen Interpretation. Bender vergleicht in seinem Deutungsversuch das sogenannte Blutwunder mit dem ortsgebundenen Spuk auf der Basis eines affektiven Feldes, in unserem Beispiel mit religiöser Prägung. Diese deutliche Unterscheidung von wissenschaftlich legitimierter Aussage, und sei dies auch nur in hypothetischer Form, und der Hinnahme von Überlieferungen der Volksfrömmigkeit bedeutet jedoch keineswegs einen Verzicht auf Respekt vor religiösen Überzeugungen. Bender betont: »Die Diskussion betrifft nicht den Zeichencharakter des Wunders. Unberührt von der in Frage stehenden funktionellen Analogie der Wunder mit paranormalen Phänomenen bleibt ihre religiöse Deutung als ›signum dei‹ «[47] Und weiter: »Der experimentelle Zugang läßt sich mit der Glaubens-Sphäre durchaus vereinigen. Er will nur feststellen, was geschieht, ohne ein Urteil über die religiöse Deutung zu fällen ... Toleranz und Takt sollten eine solche Untersuchung möglich machen.«[48]

[47] Hans Bender: Verborgene Wirklichkeit, Olten und Freiburg 1973, S. 97.

[48] A. a. O., S. 117. Zumindest aus seelsorglicher Sicht wäre zu beherzigen, was John Henry Newman 1877 geschrieben hat: »Manche volkstümlichen Glaubensanschauungen und Bräuche sind über die Theologie hinweg von kirchlichen Vorgesetzten geduldet worden, damit sie ›das Unkraut sammelnd‹ nicht auch zugleich den Weizen ausrissen‹ *(Mt 13, 29)* ... Ohne sich für die Wahrheit einer Wunderlegende zu verbürgen, die mit einem bestimmten Kruzifix oder Gemälde verbunden ist, hat ein Bischof vielleicht mit Duldsamkeit, ja mit Befriedigung die überströmende Volksandacht zu unserm Herrn oder zur seligsten Jungfrau angesehen, zu der jene Legende den Anlaß gab ... Er kann gewiß nicht angebliche Wunder oder Weissagungen gutheißen, von denen er weiß, daß sie falsch sind ..., er kann auch nicht seiner Pflicht entbunden werden, wenn er ein Erbe von Irrtum und Aberglauben antritt, das seit undenklichen Zeiten bestanden hat; er muß alles tun, was er kann, um es abzubauen und aufzulösen – obschon ein solches Unternehmen ohne Schaden für das Wahre und Gute schließlich nur Schritt für Schritt getan werden kann ... Was aber das bloße Hingehenlassen von abergläubischen Dingen angeht, darf man nicht vergessen, daß unser Herr selbst bei einer Gelegenheit über das abergläubische Tun eines Weibes hinwegging, das in großer Not war; und er tat es im Hinblick auf ihren Glauben, der das Reale an der Sache war. Sie war unter dem Einfluß von etwas, was man heute, wäre sie noch am Leben, eine ›verderbte Religion‹ nennen würde – und doch wurde sie durch ein Wunder belohnt. *(Mt 9, 20 ff)* ... Diese Frau begriff zweifellos, daß das Gewand nur darum eine Kraft habe, weil es Christi Gewand war; und so bezieht ein armes Neapolitanerweib, das zum Kruzifix hin

Die theologische Betrachtung derartiger Phänomene zeigt heute, daß eine Übereinstimmung zwischen Theologie und Parapsychologie/Paranormologie durchaus möglich ist, wenn es um die Trennung der Aspekte und den Zugang zur Fragestellung geht. Die theologische Dissertation von Béla Weisssmahr S.J.[49] ist u. a. um die Einordnung der paranormalen Phänomene bemüht, und zwar bei der Bestimmung des Wunderbegriffs. Weissmahr geht der Frage nach, wie »Gottes Wirken in der Welt« philosophisch und theologisch zu deuten sei, wenn man die Gottgewirktheit der Phänomene und die Transzendenz Gottes in Einklang zu bringen habe: »Kann sich etwas in der Welt ereignen, was nicht durch weltimmanente Ursachen erklärt werden kann?« Weissmahr beantwortet die von ihm selbst formulierte Frage: »Es kann sich in der Welt nichts ereignen, was nicht von weltimmanenten Ursachen herstammen würde und somit nicht auf sie zurückgeführt werden könnte. Dabei sind jedoch zwei Bemerkungen zu machen: a) Wenn wir von

schwatzt, dieses Kreuz in der Tiefe ihres geistigen Bewußtseins auf ein Urbild, das einmal in Fleisch und Blut am Kreuze hing.«

Zitiert nach John Henry Newman: Summe christlichen Denkens. Auswahl und Einleitung von Walter Lipgens, Freiburg 1965, S. 103 f.

[49] Weissmahr, siehe Anm. 1. Vgl. ferner: Karl Forster (Hrsg.): Wunder und Magie. Studien und Berichte der Katholischen Akademie in Bayern, Heft 17, Würzburg 1962. Zur Ergänzung des hier ausgeführten vor allem der Beitrag von Romano Guardini: Das Wunder als Zeichen, a. a. O., S. 77–93. S. 88: »Der Charakter des Zeichens ist für das Ganze derart entscheidend, daß er sich selbst dann einstellen kann, wenn der betreffende Vorgang die naturlichen Grenzen gar nicht überschreitet.« Aus parapsychologischer Sicht: John Mischo: Parapsychologie und Wunder. I. Zeitschrift für Parapsychologie ... Jg. 12, Nr. 2, S. 73–88; II. a. a. O., Jg. 12, Nr. 3, S. 137–162; III. a. a. O., Jg. 12, Nr. 1, S. 24–40.

weltimmanenter Erklärung reden, meinen wir niemals eine weltimmanente Erklärung, die die transzendente Ursache ausschließen würde. – b) Die weltimmanente Erklärung darf außerdem nicht auf die naturwissenschaftliche Erklärung beschränkt werden. Die naturwissenschaftliche Erklärung eines Ereignisses ist nur ein Moment an der weltimmanenten Erklärung.«[50] Und weiter: »Gott wirkt nicht auf zwei wesentlich verschiedene Weisen in der Welt. Es gibt kein göttliches Wirken in der Welt ohne Zweitursachen, das als ›unmittelbares‹ oder ›besonderes‹ vom ›gewöhnlichen‹, durch Zweitursachen sich vollziehenden göttlichen Wirken in der Welt eindeutig abgehoben werden könnte. Die Meinung, Gott greife in gewissen Fällen ohne Vermittlung geschöpflicher Ursachen in die Welt ein, ist unmethaphysisch und führt zur Leugnung der Transzendenz Gottes ... Das von innerweltlichen Ursachen her Mögliche ist nicht dasselbe wie das naturwissenschaftlich grundsätzlich Erkennbare.«[51]

Da diese Einstellung innerhalb der katholischen Theologie wohl noch nicht Allgemeingut ist, sei Weissmahrs Standpunkt auch noch einmal im Zusammenhang mit dem Wunder wiedergegeben: »Indem wir die Meinung vertreten, daß auch die kirchlich anerkannten Wunder auf der Ebene der innerweltlichen Ursächlichkeit von zweitursächlichen Kräften verursacht sind, behaupten wir weder, daß sie nicht auch, eben insofern sie etwas besonderes sind, auf besondere Weise von Gott gewirkt sind, noch, daß die Fachleute, die das Fehlen

[50] Weissmahr, a. a. O., S. 107.
[51] Ebd., S. 144.

einer natürlichen Erklärung für diese Ereignisse bescheinigten, sich geirrt haben.« [52]

Ausdrücklich auf die Krankenheilungen in Lourdes eingehend (darunter auch Krebsheilungen), die Weissmahr anerkennt, widerspricht er der Auffassung, es handele sich »bloß um beschleunigte natürliche Heilungsprozesse«. »Denn wenigstens ebenso wichtig ist die Tatsache, daß der Heilungsprozeß, ohne die gewöhnlich dafür nötigen Voraussetzungen (aber nicht ohne Gebet), überhaupt einsetzt.« [53] »Eben weil Gott in jedem Fall, auch wenn er Wunder wirkt, stets durch Zweitursachen handelt, kann das Wunder auf der Ebene der Phänomene von den ›natürlichen‹ Ereignissen nicht scharf und eindeutig unterschieden sein.« [54]

Weissmahr kommt schließlich zu folgender Definition: *»Wunder ist ein außergewöhnliches, unser Vorverständnis in bezug auf das innerweltlich Mögliche gleichsam sprengendes Ereignis, durch welches der transzendente Gott mittels der eigenen, zum Hervorbringen auch von Neuem und Unvorhergesehenem fähigen Kräfte des Geschöpfes, d. h., weltimmanent wirkend, auf unerwartete Weise innerweltliche Rettung oder irdisches Heil dem Menschen schenkt und somit seine persönliche, auf unbedingtes Heil ausgerichtete Liebe in der Welt zeichenhaft zum Ausdruck bringt.«* [55] Und weiter: »Das persönliche, freie Wirken Gottes in der Welt ... ist niemals mit Hilfe naturwissenschaftlicher Forschungsmethoden von anderen ›natürlichen‹ Ereignissen abzugrenzen.

[52] Ebd., S. 164.
[53] Ebd., S. 165.
[54] Ebd., S. 166.
[55] Ebd., S. 175.

... Wundererkenntnis als solche ist ohne deutende Erkenntnis nicht möglich.« [56]

Das Wunderverständnis, wie es von Weissmahr vorgetragen wird und das, wenn auch in deutlicher Differenz zu früheren katholischen Vorstellungen in der heutigen Theologie voll integriert ist, räumt die Problematik aus, die zwischen Empirie und Glauben, zwischen Parapsychologie und Theologie bestanden haben mag. Das heißt, auch jene im religiösen Bereich angesiedelten Phänomene paranormaler Art stehen dem empirischen Zugang offen und sie entledigen sich dadurch nicht des religiösen Charakters – auch dann nicht, wenn man bei manchen Publikationen den Eindruck gewinnen kann, die Empirie verfolge die Absicht, religiöse Deutungen durch »Aufklärung« aus der Welt zu schaffen.

Die referierte Interpretation der ungewöhnlichen Ereignisse bewahrt andererseits aber auch vor der Tendenz, die religiös bedeutsamen Ereignisse auf spiritistische Phänomene zu reduzieren [57].

[56] Ebd., S. 176.

[57] In diese Gefahr begibt sich der Theologe Haraldur Nielsson: Eigene Erlebnisse auf dem okkulten Gebiet. Die Kirche und die psychische Forschung. Vom Tode. – Drei Vorträge, Leipzig o. J. (1926). S. 49: »Die Propheten oder *Pneumatiker* der Apostelzeit und der ersten Christen sind dieselbe Art Menschen, die wir heute Medien oder psychische Personen nennen ... Alle die Gaben, von denen Paulus spricht, sind jetzt in Verbindung mit den modernen Medien gut bekannt.« Nielsson spricht, wohl mit Recht, von einer »Sitzung« bei der Hexe von Endor, 1 Sam 28, ob jedoch die Verklärung Jesu beim Vergleich mit einer Séance nicht an Bedeutung verliert, ist eine berechtigte Frage. S. 60 f: »Christus selbst nahm die drei psychisch sehr begabten Jünger mit sich auf den Berg. Als sie alle drei in Trans oder einen transähnlichen Schlaf gefallen waren, zeigten sich, wie Sie wissen, zwei Verstorbene: Moses und Elias, und Christus sprach selbst mit ihnen.« Hier wird offenbar

Die Unterscheidung von Glauben und Wissen, die Trennung der religiösen von der naturwissenschaftlich-empirisch legitimierten Deutung ist auch im Fall von sogenannter Besessenheit Aufgabe von Parapsychologie und Kirche. Diese heute ganz seltenen und deshalb so eindrucksvollen Fälle wurden und werden noch in dem Sinne gedeutet, daß ein Dämon von einem Menschen Besitz ergriffen habe, entsprechend dem Wortlaut der neutestamentlichen Texte[58].

Resch, der als Priester und Theologe derartige Fälle aus eigener Erfahrung kennt und als praktizierender Psychotherapeut und Paranormologe auch den empirischen Zugang zur Fragestellung kennt, mahnt in diesem Bereich zu besonderer Vorsicht. »Die Frage der Besessenheit ist heute ein sehr schwierige Frage geworden. Früher hat man sich sehr leicht getan, daß jemand bei irgendeinem Anfall, der vielleicht hysterischer Art oder auch eine gewisse Form der Epilepsie war, schon in etwa von Besessenheit gesprochen hat. In der religiösen Praxis, besonders in der katholischen Kirche, ist man dagegen heute mit dem sogenannten Exorzismus, also dem Austreiben der Teufel oder des Teufels sehr zurückhaltend, um nicht religiöse Riten dort anzuwenden, wo vielleicht ein Psychiater oder ein Psychotherapeut hingehört. Es stellt sich nun grundsätzlich die Frage, ob Exorzismus absolut von der Praxis gestrichen werden soll, weil im letzten, vom Phänomen als solchem, ja

der Teufel Entmythologisierung mit dem Beelzebub eines neurationalistischen Spiritismus ausgetrieben.

[58] Jörg Zink übersetzt bezeichnenderweise »Besessener« in Mt 12, 22 mit »Geisteskranker«, womit er gewissermaßen die Besessenheit entmythologisiert. Griechisch *δαιμονιζόμενος*.

niemals gesagt werden kann, das ist eine dämonische Besessenheit, zumal die Phänomene, auch wenn sie sehr außerordentlich und sonderbar sind, im letzten immer natürlich sind. Aber man muß vorsichtig sein, denn wir kennen Fälle von Menschen, wo weder die Psychiatrie noch die Psychotherapie irgendwelchen Erfolg haben und so manche religiöse Praxis diesen Menschen, wenn auch nicht heilt, ihn doch lebensmäßig so weit rüstet, daß er in der Gesellschaft sein Leid oder, sagen wir, seine Krankheit, tragen kann, und manchmal gerade durch eine religiöse Praxis von seinem Leid befreit wird. Es stellt sich allerdings die Frage, ist die Befreiung nun die Folge einer psychischen Wirkung, die durch die religiöse Praxis ausgelöst wurde – das wird im letzten schwer zu klären sein. Aber hier bin ich so offen, zu sagen, wichtig ist es, daß es diesem Menschen geholfen hat, wo ihm sonst niemand mehr helfen konnte.«[59]

Noch seltener werden Besessenheitsphänomene im evangelischen Raum berichtet. Von Anhängern der spiritistischen Interpretation wird immer wieder das Beispiel des Geistlichen Blumhardt angeführt, der im 19. Jahrhundert aus einer Hausangestellten zahlreiche Teufel ausgetrieben haben soll.

»Die Blumhardtschen Geschichten sind mir ein Greuel«[60], mit diesen Worten hat Bultmann dieses oft zitierte Beispiel abgewimmelt. Dieser und andere außerordentliche Fälle sogenannter Besessenheit erfahren

[59] Tonband-Interview 1973.
[60] Siehe Anm. 40. Bultmann, S. 136.

heute auch eine rein animistische Deutung[61]. Demgegenüber hält der evangelische Theologe Köberle die Möglichkeit dämonischer Besessenheit nicht für ausgeschlossen:

»Trotzdem ist meine persönliche Überzeugung, man soll gewiß, wenn eine Person wunderlich wird oder moralisch völlig versagt im Unterschied zu ihrer Vergangenheit, sicher zuerst die psychotherapeutischen und psychiatrischen Erklärungs- und Hilfemöglichkeiten einsetzen, aber ich halte es nicht für ausgeschlossen, daß es Grenzfälle äußerster Dunkelheit und Unheimlichkeit gibt, wo man mit diesen immanten Deutungen allein nicht auskommt, wo einem sozusagen nichts anderes übrigbleibt, als der bittere und erschreckende Gedanke, hier hat eine Fremdokkupation stattgefunden.«[62]

Eine solche Deutung ist weder denkunmöglich noch widerlegt, sie wird vielmehr von der Schrift selbst nahegelegt. Sie kann aber nicht im wissenschaftlichen Sinn als bewiesen angesehen werden. Einem solchen Beweis entziehen sich auch ganz generell die Wunderheilungen, die Heiligen zugeschrieben werden. Resch betont:

»Hier ist nun das Gleiche zu sagen, daß ich niemals wissenschaftlich in der Lage sein kann, irgendein Phänomen, das als Wunder angenommen wird, diesem oder

[61] John Mischo: Psychologische Aspekte der Besessenheit. In: Zeitschrift für Parapsychologie und Grenzgebiete der Psychologie, Jg. 13, Nr. 2, S. 69–94. S. 84 f: »Pfarrer Blumhardt hat zweifellos mit einem sehr hohen persönlichen Einsatz eine Heilung herbeigeführt. Aber war es eine Heilung, die durch das Konzept: ›hie Jesus der Sieger, dort die Dämonen‹ herbeigeführt wurde oder nicht vielmehr durch die zwischen den Zeilen und in kleinen Bemerkungen des Blumhardtschen Berichtes zutage tretende persönliche Zuwendung?«

[62] Interview 1973.

jenem Heiligen zuzuschreiben, denn ich müßte dann tatsächlich diesen Heiligen, der jetzt nicht mehr in dieser Welt zu finden ist, unter Kontrolle haben während seiner Wirkweise auf dieser Welt, d. h. während er dieses Wunder wirkt.« [63]

So können wir festhalten: die experimentell arbeitenden Erfahrungswissenschaften, und dazu gehören auch Parapsychologie und Paranormologie, können über die religiöse Wertung eines Phänomens oder seinen transzendenten Charakter keine Aussage machen. Wenn spiritistische Kreise dies dennoch tun, so mißachten sie methodische Grenzen. Andererseits aber kann die Wissenschaft auch nicht über religiöse Interpretationen (und dazu kann man einige spiritistische Denkansätze zählen) befinden und sie als Unfug abtun. Bevor die Theologie jedoch eine religiöse Interpretation wagt, sollte sie alle profanen Untersuchungsmethoden an das ungewöhnliche Phänomen herangetragen haben, um kurzschlüssige Verweise auf »Gottes Hand« und »Wirkungen der Dämonen« zu vermeiden.

Die Nichtverwesung der Leiber verstorbener Menschen mit dem Ruf eines heiligmäßigen Lebens ist in der katholischen Kirche im Rahmen von Heiligsprechungsprozesse traditionellerweise als ein Indiz für einen besonderen Eingriff Gottes zur Ehrung dieser Person verstanden worden. Die Paranormologie muß aber auch in einem solchen Fall, wie Resch hervorhebt, den möglichen natürlichen Ursachen für ein solches Geschehen nachgehen:

»Wir nehmen einmal an, daß es solche Fälle gibt. Hier

[63] Interview 1971.

wird es sich dann nicht um ein psychisches Phänomen oder parapsychisches Phänomen handeln, sondern man müßte zunächst einmal einen Geologen herholen, einen Biologen, um zu sehen, ob nicht der Boden derartig war, daß jetzt der Körper unversehrt geblieben ist, vielleicht ist auch der Körper in einer gewissen Form einbalsamiert worden. So muß von den gegebenen Wissenschaften her zunächst einmal abgegrenzt werden, wie die Erklärung nach dem heutigen Stand der Kenntnisse möglich ist, und sofern dann ein Rest bleibt, von dem man sagt: Nein, hier kommt man nicht durch, dann kommt erst jene Frage, die man vielleicht in den Begriff des Wunders hineinbringen könnte.«[64]

Im Grundsätzlichen sind die Bereiche Paranormologie einerseits und Glaube/Theologie andererseits deutlich getrennt. Die Verwischung der Grenzen und die Verwirrung der Zuständigkeitskriterien geschehen jedoch nicht selten dort, wo spiritistische Ansprüche als wissenschaftlich verifiziert und bewiesen vorgetragen werden. Zur Klärung noch einmal Resch:

»Bezüglich Glauben und Wissen kann man wohl sagen, daß man heute so weit nach so vielen Mißverständnissen und Mißgriffen gekommen ist, daß man hier eine ganz klare Unterscheidung macht. Es ist allgemein bekannt, daß gerade beim Streit um Galilei diese Frage ja im Grunde die Streitfrage war, und damals war es so, daß die Theologie zu stark in die Naturwissenschaft und die Naturerklärung eingegriffen hat, und heute haben wir zum Teil den Versuch, daß die Wissenschaft in Glaubensfragen hineingreifen will. Hier gibt es kein

[64] Interview 1971.

Ineinander. Der Glaube besagt im christlichen Raum nichts anderes als die Annahme der Offenbarung Gottes, wie wir sie in der Heiligen Schrift niedergelegt finden. Damit werden Wahrheiten zur Realität, die grundsätzlich außerhalb der Erforschung und der Naturwissenschaft liegen, zum Beispiel die Frage des Fortlebens nach dem Tode, die Frage eines ewigen Lebens und dergleichen, weil in der Wissenschaft ja nichts Ewiges erforscht werden kann, zumal sich die Wissenschaft mit konkreten Phänomenen in der Zeit befaßt. Damit ist gesagt, daß die Wissenschaft durch ihre Methodik auf die Immanenz, das heißt den Innenraum, beschränkt ist.« [65]

Damit sind wir an den nervus rerum der gesamten spiritistischen Fragestellung gelangt, damit ist das Hauptanliegen der gegenwärtigen okkulten Welle berührt: Die Beweisbarkeit des Fortlebens nach dem Tode steht zur Debatte, die Wirklichkeit des Jenseits, also eine zentrale Frage der menschlichen Existenz.

Pfarrer Wilhelm Horkel, einer der Initiatoren der Arbeitsgruppe »Parapsychologie« auf dem Evangelischen Kirchentag, ist Autor mehrerer Schriften, die sich für die spiritistische Hypothese einsetzen und die spiritistischen Erfahrungen in den Dienst der Apologetik und der Glaubensbegründung stellen wollen. So heißt ein bezeichnender Titel »Botschaft von Drüben« [66]. Hier gilt, was auch zu Bergmanns Intentionen gesagt wurde: bei aller Achtung vor dem seelsorglichen Anliegen ist zu unterstreichen, daß methodische Grenzen überschritten

[65] Interview 1973.

[66] Wilhelm Horkel: Botschaft von Drüben. Außersinnliche Erfahrungen und Erkenntnisse unserer Zeit. Stuttgart o. J., 4. Auflage.

werden, die eine Vermischung von Glaubensdingen mit nur teilweise erforschten Bereichen der Psychologie bewirken.

Horkel bezeichnet bei zahlreichen paranormalen Geschehnissen die religiöse Interpretation als zwingend, obwohl im Sinne der Parapsychologie psychische Fähigkeiten Lebender zur Deutung völlig ausreichen.

Es gibt auf diesem Gebiet manchen Grenzfall, der Verständnis für eine spiritistische Deutung heischt, auch wenn man sie nicht akzeptieren mag. Horkel jedoch interpretiert auch dort spiritistisch, wo die animistische Deutung sehr viel mehr Wahrscheinlichkeit beanspruchen darf. So zum Beispiel im Fall Rosenheim[67]. Horkel schreibt dazu: »Im Ergebnis muß das Hereinwirken transzendentaler ›Kräfte‹ oder ›Mächte‹ oder ›Größen‹ oder ›Personen‹ zwingend angenommen werden. Keine andere Arbeitshypothese reicht aus.«[68]

Bender hat demgegenüber diesen aufsehenerregenden Spukfall als psychokinetische Manifestation eines pubertierenden Mädchens analysieren können: mit der Entfernung des Mädchens hörte der Spuk auf. Es handelt sich also mit großer Wahrscheinlichkeit um einen Fall von persongebundenem Spuk.

Aber Horkel – und er steht hier nur beispielhaft für eine Denkrichtung im kirchlichen Raum – geht noch weiter. Die Parapsychologie beweise: »Wir bleiben personhafte Wesen; unser persönliches unverwechselbares

[67] Siehe Hans Bender: Verborgene Wirklichkeit, S. 45–52.

[68] Wilhelm Horkel: Parapsychologie und das Leben nach dem Tod. In: Jenseits des Todes. Beiträge zur Frage des Lebens nach dem Tod. Herausgegeben von Gerhard Hildmann, Stuttgart 1970, S. 49–73, hier S. 66.

Einzel-Ich wird uns im Tode durchaus nicht abgenommen.

Damit bestätigen die parapsychologischen Phänomene genau die geoffenbarte Botschaft des Neuen Testamentes ...

Daß wir eigenpersönlich weiterleben, ist außer Zweifel, so wenig wir über das Wie wissen. Wir lernen das aus der außersinnlichen Erfahrungswelt in ganzer Nüchternheit; sie bietet uns ja kein neues Evangelium! Wehe dem, der als Jünger des Außersinnlichen predigen wollte! ›Botschaft‹ im vollen Sinne der Christus-Offenbarung kann daher der gesamte außersinnliche Erfahrungsbereich nie sein und nie werden, wohl aber Fingerzeige geben, Hinführung leisten, Vorstufen bilden, Bestätigungen von Fall zu Fall geben. So wirkt das Außersinnliche in der Bibel selbst.«[69]

Der Autor nimmt mit dieser zitierten Einschränkung gewiß manches zurück und entzieht sich damit auch dem Vorwurf, Gnostiker zu sein. Dennoch vermißt man die klare Trennung zwischen dem Bereich der Religion und dem der Wissenschaft. Diese Unschärfe schlägt sich auch im Begrifflichen nieder, eine Unklarheit, die sich in zahlreichen okkultistischen Schriften mit christlich-apologetischem Anspruch findet. Horkel schreibt über die spiritistischen Séancen: »Liest man die unzähligen Sitzungsprotokolle nach, so steht man immer wieder unter dem Eindruck: hier möchte man mit heißem Bemühen endlich einmal die Schwelle zwischen Diesseits und Jenseits überschreiten, überspringen – und hat dabei doch nur bestenfalls den äußeren Rand eines unserem Griff

[69] Siehe Anm. 66, a. a. O., S. 152.

zugewandte Jenseits erklommen – aber dieser äußerste Rand ist nichts weiter als der äußerste Rand unseres Diesseits.« [70]

Im Grunde ist aber Horkels Ansicht identisch mit diesem spiritistischen Bestreben, denn beide stützen sich auf paranormale Phänomene. Mit dem theologischen Begriff »Zwischenreich« versucht Horkel sich der Schwierigkeiten um Diesseits–Jenseits zu entziehen. »Die außersinnliche Welt verharrt im Schattenreich des Todes, ist aber voll Leben. Sie ist ein ›Jenseits‹ unserer gegenständlichen Welt, aber noch ein ›Diesseits‹ der Seligkeit – eben ein Zwischenreich ... das des Jüngsten Tages wartet in Furcht und Zittern einer doppelten Möglichkeit: ewigen Todes oder ewiger Seligkeit.« [71]

Diese Kritik an der Terminologie Horkels darf jedoch nicht isoliert werden. Zum vollen Verständnis seiner Einstellung gehört die Kenntnis der Tatsache, daß Horkel medial begabt ist und unter dem Eindruck paranormaler Phänomene steht, vor allem eines bemerkenswerten Spukphänomens, das als ortsgebunden bezeichnet werden könnte. Horkel selbst berichtet darüber in einem Interview:

»Mich haben nicht Theorien auf das ganze Gebiet gebracht, sondern eigene spontane Erfahrungen, zurückgehend auf ein Hellseherlebnis im zwölften Jahr. Ich sah eine Mühle brennen im Vorbeifahren. Alle anderen auf dem gleichen Bauernwagen, Buben waren es, sahen nichts. Aber einen Tag später ist die ganze Mühle lichterloh abgebrannt. Da war ich zwölf Jahre alt. Den

[70] Wilhelm Horkel: Geist und Geister. Zum Problem des Spiritismus, Stuttgart [2]1969, S. 49.

[71] Horkel, Botschaft von Drüben, a. a. O., S. 153.

Spuk habe ich erlebt, wie ich junger Pfarrer war, und all die typischen Phänomene, Rauschen, Klopfen, Zeichen wie Lichterscheinungen, oder Röcheln, schwere Tritte, Rasseln, also monatelang, aber immer zwischen Mitternacht und morgens vier Uhr. Und die Lösung kam dann auch hinterdrein sehr deutlich durch das Ausgraben eines Komposthaufens in der Ecke eines Grundstückes, wo man dann, wie die letzte Lichterscheinung mir zeigte, ein menschliches Embryo ausgegraben hat, das dort vergraben war. Das letzte Phänomen meines Spuks war: ich sah bei Nacht einen menschlichen Embryo auf einem Kissen wie in einem Anatomielehrbuch mit großem Nabelschnurfortsatz, einzigartig, ganz klar, wie von Zigarettenrauch hereingeblasen in das nächtliche Schlafzimmer; das hat über eine Minute lang angehalten, ganz klar, und ist dann verschwunden. Und dann hernach, etwa ein Vierteljahr später, kam diese Ausgrabung: in einem Porzellangefäß, ganz leergefressen von Totenkäfern, ein Embryo eines menschlichen Körperleins. Ich bin also der Sache nachgegangen und habe es aufklären können: die ganz genauen Zusammenhänge. Eine bestimmte Frau, die lang im Pfarrhaus gelebt hat – nicht Pfarrfrau, aber Haushälterin war – starb gerade zu dieser Zeit an einem mir bekannten Ort, und da ist also ganz klar, daß die schwere Schuld einer vermutlichen Abtreibung in dieser Person vor ihrem Sterben noch Bilder erregt hat, die in mir ein Echo geweckt haben und in mir diese Schau erregt haben.«[72]

Es ist durchaus verständlich, daß ein Geistlicher und Theologe wie Pfarrer Horkel eine religiöse Interpreta-

[72] Tonband-Interview 1973.

tion vollzieht, die im Sinne christlicher Theologie ausgewertet werden kann. Es fragt sich nur, ob diese Deutung spiritistischer Provenienz auch zwingend ist: »In den Psi-Erfahrungen werden Kräfte aus jenseitigen Dimensionen wach und für uns anfaßbar, durchschaubar, meßbar, spürbar, und die haben wir als echte Kennzeichen hinzunehmen einer jenseitigen Welt, die uns jetzt schon so dicht umgibt wie die Luft, die wir täglich einatmen. Daher auch die Methoden des Spiritismus, etwa in der Planchette, im Gläseln, im mechanischen Schreiben, in Automatismen des Sprechens, im Trancezustand des Mediums: Spuren der jenseitigen Welt durch Worte, Sätze oder gar durch Verleiblichung wieder zu gewinnen und das als bare Münze für die jenseitige greifbare Welt zu nehmen. Ich bin überzeugt davon, daß es Spuren der jenseitigen Welt gibt, die in diese Welt hereinragen. Das habe ich selber erfahren, in meinem Spukerlebnis ist es mir ganz klar geworden, und auch in anderen Phänomenen, die unbezweifelbar sind. Ich bin unbedingt Anhänger der spiritistischen These, aber ich bin kein Spiritist, das ist zweierlei, nicht wahr. Ich nehme nicht teil an Praktiken oder medialer Schulung der Spiritisten.« [73]

Noch verbreiteter als kirchliche Schriften sind jene, die außerhalb des kirchlichen Bereichs vor allem aus verlegerischem Interesse angeboten werden. In aller Regel handelt es sich bei den Neuerscheinungen auf dem deutschsprachigen Buchmarkt um Übersetzungen aus dem Amerikanischen oder Englischen. In England und in den USA hat die Beschäftigung mit den okkulten Er-

[73] Ebd.

scheinungen eine längere Tradition und auch die wissenschaftliche Untersuchung dieser Phänomene, die Parapsychologie also, hat im angelsächsischen Raum ihre wichtigsten Impulse gefunden.

Als Beispiel aus der großen Zahl spiritistischer Publikationen sei auf das erfolgreiche Buch »Bericht vom Leben nach dem Tode«[74] verwiesen, mit dem sich das inzwischen verstorbene US-amerikanische Medium Arthur Ford zeitweise sogar einen Platz auf den Bestseller-Listen errungen hat.

Ford hat erstaunliche außersinnliche Begabung bewiesen und unter kritischen Augen immer wieder demonstrieren können. Seine Gespräche mit angeblich »Jenseitigen« mögen vielen als ein Beweis für das Weiterleben nach dem Tode und für die Möglichkeit des Kontaktes mit Verstorbenen gelten, ganz einfach deshalb, weil Ford Informationen über Verstorbene beibrachte, die ihm nicht bekannt sein konnten und die verifizierbar waren. Insofern ist es auch nicht mehr erstaunlich, daß derartiges Schrifttum als Lebenshilfe wirksam wird. Und gerade dies ist der Grund dafür, daß der Verlag auf dem Umschlag mit der Bemerkung wirbt: »Der Mann, der mit Menschen im Jenseits redete – der Kronzeuge der Wissenschaft für das Weiterleben des Menschen nach seinem Tod.«

Aber genau hier ist auf die Kurzschlüssigkeit der Argumentation hinzuweisen: Weltanschauliche Überzeugungen werden mit dem Stempel der Wissenschaftlichkeit versehen.

[74] Arthur Ford: Bericht vom Leben nach dem Tode, Bern–München–Wien ²1972.

Was für zahlreiche spiritistische Berichte gilt, dies ist auch bei Fords Enthüllungen augenfällig: Die Primitivität der Beschreibungen, die bis zu Kleidervorschriften im Jenseits reichen, legt nahe, daß oftmals Projektionen wirksam sind, die der Bilderwelt von Kinderbüchern entstammen mögen. »Meine Auftritte in der Öffentlichkeit bestanden darin, daß ich zunächst einen leicht verständlichen Vortrag über parapsychologische Phänomene hielt und dann meinen Geist in einen Zustand versetzte, der mit der Einstellung einer bestimmten Wellenfrequenz vergleichbar ist: Ich stellte mich auf die Welt der Toten ein, und die irdische Welt verschwand aus meinem Bewußtsein. In diesem Trancezustand empfing ich Botschaften, das heißt, ich übermittelte anwesenden Personen Nachrichten von verstorbenen Verwandten und Freunden oder auch von historischen Persönlichkeiten.«[75] Die Fragen seines Publikums »waren, wie man sich denken kann, stets die gleichen Fragen:

Wie werden wir im Jenseits beschaffen sein? Haben die Toten noch einen Körper oder nur eine Seele? Was wird mit uns ›drüben‹ geschehen? Verbringen wir die Zeit in paradiesischem Müßiggang, in öder Langeweile, oder werden uns Aufgaben zugewiesen? Werden wir uns noch an alles erinnern können, was in unserem irdischen Leben vor sich gegangen ist? Kann sich jeder Verstorbene über ein Medium mit seinen Lieben in Verbindung setzen? Wie steht es dort mit den uns vertrauten irdischen Lebenselementen wie Nahrung, Obdach, Schlaf, Sex, Beruf, gesellschaftliches Leben? Wie ist es um das Ansehen einer Person bestellt? Kann es mitgenommen

[75] A. a. O., S. 26.

werden oder nicht? Kommt unser Pudel eines Tages auch mit? ... Noch nicht alle, jedoch eine ganze Reihe von ihnen können heute einigermaßen zufriedenstellend beantwortet werden.«[76] Diese recht mechanistisch anmutenden Vorstellungen vom Menschen entsprechen aber offenbar genau den verbreiteten Meinungen. Uralte Menschheitsfragen will Ford beantworten, es ist also kein Wunder, daß er Leser und Zuhörer findet.

»Ich habe mit den Toten gesprochen; sie haben der Welt durch mich vom Leben nach dem Tode berichtet«[77], behauptet der Autor. Subjektive Ehrlichkeit sei Ford durchaus zugestanden. Trotzdem sind die Berichte, die ihm sein Mittelsmann Fletcher (im spiritistischen Sprachgebrauch »Kontrollgeist«) als ein bereits Abgeschiedener zu vermitteln weiß, nicht gerade von grundstürzendem Informationswert: »Fletcher – das war sein zweiter Name, also dem Brauch nach wohl der Mädchenname seiner Mutter – stammte aus einer strenggläubigen römisch-katholischen Familie, in der man unumstößliche Vorstellungen vom Aufenthalt der Seele nach dem Tode hatte, die mit Fletchers eigenen Erfahrungen keineswegs übereinstimmten. Aber er hatte sich nun einmal entschlossen, seine Angehörigen in ihrem Glauben zu lassen und keinen direkten Kontakt mit ihnen aufzunehmen. Es hätte sie, wie er wußte, schwerer als sein früher Tod getroffen, zu erfahren, daß er sich in einem Himmel befand, in dem nicht nur Katholiken versammelt waren.« [78]

[76] Ebd., S. 26 f.
[77] Ebd., S. 16.
[78] Ebd., S. 31.

Was Ford und ähnliche Autoren berichten, wird von spiritistischer Seite als Beweis für die Fortexistenz der menschlichen Seele nach dem Tode gewertet. Bender nimmt im folgenden aus der Sicht der wissenschaftlichen Parapsychologie zu diesem Anspruch Stellung:

»Die spiritistische Lehre hat zum Inhalt, daß eine Kommunikation, eine Verbindung mit persönlich überlebenden Verstorbenen möglich ist. Diese Verbindung soll durch Medien geschehen – Medium heißt ja ›Mittler‹. Kurz dazu die Stellung der Parapsychologie: die Parapsychologie kann nachweisen, daß – vorsichtig gesagt – nahezu alle der als Beweis für ein Fortleben nach dem Tode in Anspruch genommenen Erscheinungen auch erklärt werden können aus paranormalen, außergewöhnlichen Fähigkeiten Lebender, so daß meine Ansicht zumindest ist, ein wissenschaftlicher Beweis für ein Fortleben nach dem Tode ist nicht möglich, man kann einschränkend vielleicht sagen, zur Zeit nicht möglich[79]. Nach meiner Auffassung, die von vielen Parapsychologen geteilt wird, müßte man zunächst beweisen können, daß die Psyche, die Seele unabhängig von einem Organismus existieren kann. Dieser Beweis ist nicht erbracht. Allerdings sind viele Erscheinungen, die von den Spiritisten als Beweis in Anspruch genommen werden, für mich so trivial, wir können jederzeit im Laboratorium

[79] Bender machte in diesem Zusammenhang folgende Einschränkung: »Wenn Sie natürlich etwa mediative Erkenntnisse als eine gleichwertige Informationsquelle ansehen, dann sieht es anders aus. Also, man müßte präzisieren, in bezug auf die Methode der Erfahrungswissenschaft ist der Beweis des Fortlebens nicht möglich, und ich kann von mir eben persönlich bekennen, daß ich diesen Methoden der Erfahrungswissenschaft verhaftet bin.«

mit Medien ähnliche Phänomene haben, wo gewiß nicht die Einwirkung von Verstorbenen erforderlich ist. Also, wir Parapsychologen sehen diese Entwicklung doch mit Besorgnis an, daß parapsychologische Phänomene, die nun endlich anerkannt werden, nun von Spiritisten in Anspruch genommen werden, um Jenseitsvorstellungen als wissenschaftlich erwiesen nun zu propagieren, Hoffnungen zu erwecken, die trügerisch sind.« [80]

Daß die Bemühungen der Spiritisten zahlreiche Bezugspunkte zu den Anstrengungen der Kirche aufweisen, daß der spiritistische »Beweis« eine Relevanz als Lebenshilfe und für die Seelsorge haben kann, ergibt sich aus den vielen Kleinschriften, die in Kirchen angeboten werden: das in allen Bildungsschichten gleichermaßen tradierte Erfahrungsgut sowie eigene Erfahrungen mit unerklärten Vorgängen werden immer wieder als ein Verweis auf die jenseitige Welt im theologischen Sinne verstanden und interpretiert. Kritischer ist hier die Theologie selbst.

Der Religionspsychologe Wilhelm Keilbach hat sich diesem Fragenkreis gewidmet und kommt zu folgendem Ergebnis: »Der Spiritismus möchte durch seine These eine Art Unsterblichkeitsbeweis erbracht haben. Man sollte meinen, daß die Kirche in der Zeit des Materialismus, nach dessen Behauptung mit dem Tod alles aus sei, ein solches Unterfangen begrüßt. Indes, die Kirche verzichtet auf diesen Hilfsdienst. Sie verzichtet darauf, weil sie das Vorgehen der Spiritisten in ihren Sitzungen

[80] Tonband-Interview 1973.

nicht billigen kann und weil sie den von ihnen geführten Beweis nicht für wissenschaftlich gesichert hält.« [81]

Die Gründe liegen auf der Hand: neben den methodischen Mängeln spiritistischer Beweisführung sind die spiritistischen Praktiken voller Gefahren für den Leib, die Psyche und, aus kirchlicher Sicht, die Seele. Und noch wichtiger ist die grundsätzliche Aussage Keilbachs: »Vieles von dem, was heute dem Bereich parapsychischen Geschehens zugeschrieben wird, ist mit Fragen der Frömmigkeit eng verflochten. Die Religion selbst wird aber durch das Parapsychische weder begründet noch aufgehoben.« [82]

Daß der Wunsch Vater vieler Gedanken und Überzeugungen sein kann, diese Überlegung drängt sich auch beim Studium spiritistischer Literatur auf. Dennoch ist einzuräumen, daß Parapsychologie und Paranormologie Phänomene kennen, bei denen eine immanente Interpretation, also die animistische Deutung, auf Schwierigkeiten zu stoßen scheint. Mancher ortsgebundene Spuk gehört dazu: wenn über Jahrzehnte hin in einem Gebäude oder an einem bestimmten Ort merkwürdige Erscheinungen von unabhängigen Personen beobachtet

[81] Wilhelm Keilbach: Religiöses Erleben. Erhellungsversuche in Religionspsychologie, Parapsychologie und Psychopharmakologie. München–Paderborn–Wien 1973, S. 155–162, hier S. 162.

[82] Ebd. Zu dieser Problematik betonte Kurt Hutten in einem Tonband-Interview 1973:

»Die Parapsychologie kann Glaubenswahrheiten, etwa die Wahrheit von ›Ich hab Lust abzuscheiden und bei Christo zu sein‹, also dem Überleben des Todes, nicht beweisen. Wohl aber setzt sich der Spiritismus dafür ein, und hier in diesem Punkte, aber genau in diesem Punkte, müßte eigentlich der Spiritismus vom Christentum als ein Verbündeter angesehen werden, dem man dankbar ist für diese Bekräftigung einer biblischen Wahrheit.«

werden, so lassen sie sich nicht ohne weiteres auf die Fähigkeiten Lebender zurückzuführen. Demonstrieren wir das Problem an einem Beispiel.

Einer der frühesten detaillierten Berichte über ein sogenanntes Spukhaus stammt von Plinius dem Jüngeren (61/62 bis etwa 113/4 n. Chr.), enthalten in einem Brief an seinen Freund Sura. »Mir schafft die Muße Gelegenheit, von Dir zu lernen, und Dir, mich zu belehren«, schreibt Plinius im 27. Brief des VII. Buches. »Deshalb möchte ich gar zu gerne wissen, ob Du glaubst, daß es Gespenster gibt und diese eine ihnen eigentümliche Gestalt und irgendeine Macht haben, oder ob Du sie, da nichtig und wesenlos, für Ausgeburten unserer Furcht hältst.«

Die Frage, die Plinius im ersten Jahrhundert stellt, ist auch heute noch berechtigt, weil keineswegs geklärt und beantwortet. Plinius erzählt zunächst eine Anekdote, die Prophezeiung einer Frauengestalt, die, »von übermenschlicher Größe und Schönheit«, dem Curtius Rufus in Cathargo das Schicksal vorhergesagt haben soll, wie es sich später auch zugetragen habe. Dann gibt Plinius den kulturgeschichtlich wichtigen Bericht, der hier ganz wiedergegeben wird:

»In Athen stand ein großes und geräumiges, aber verrufenes und unheilbringendes Haus. In der Stille der Nacht ertönte Eisengerassel und, wenn man genauer aufpaßte, Kettengeklirr, weiter entfernt zuerst, dann ganz in der Nähe; darauf erschien ein Gespenst, ein alter Mann, ausgemergelt und von Schmutz starrend, mit wallendem Bart und struppigem Haar; an den Beinen trug er Fesseln, an den Händen Ketten, die er schüttelte. Daher verbrachten die Bewohner qualvolle, schreckliche

Nächte, vor Angst ihres Schlafes beraubt; der Schlaflosigkeit folgte Krankheit und bei stets wachsender Gespensterfurcht der Tod. Denn auch untertags, obgleich die Erscheinung verschwunden war, schwebte ihnen die Erinnerung vor Augen, und die Furcht hielt länger an als die Ursachen der Furcht. Das Haus wurde daher verlassen und dem Verfall geweiht und ganz jenem Schreckgespenst preisgegeben; dennoch war es öffentlich ausgeschrieben, für den Fall daß es jemand, der diesen großen Übelstand nicht kannte, kaufen oder mieten wollte.

Der Philosoph Athenodorus kommt nach Athen, liest den Anschlag, hört den Preis, erkundigt sich, da ihm dessen geringe Höhe verdächtig war, erfährt alles und mietet es trotzdem, vielmehr gerade deswegen. Als es Nacht zu werden beginnt, läßt er sich im vordersten Teil des Hauses ein Lager bereiten, verlangt Notizbuch, Griffel, Licht; all seine Leute schickt er in die inneren Gemächer, er selbst richtet Geist, Augen, Hand aufs Schreiben, damit sich nicht seine unbeschäftigte Einbildungskraft die Erscheinungen, von denen die Rede gewesen war, und nichtige Schreckbilder vorstelle. Zuerst, wie überall, nächtliche Stille, dann Schläge auf Eisen, Schleifen von Ketten. Er hebt nicht die Augen, läßt den Griffel nicht sinken, sondern nimmt sich zusammen und versucht, seinen Geist gegen das, was er hört, zu wappnen. Da wächst der Lärm, kommt näher und scheint schon auf der Schwelle, schon innerhalb der Schwelle vernehmbar. Er blickt auf, sieht und erkennt die ihm beschriebene Gestalt. Sie stand da und winkte mit dem Finger, wie jemand, der ruft. Er gibt seinerseits mit der Hand ein Zeichen, ein wenig zu warten, und beugt sich wieder über Heft und Griffel. Die Gestalt rasselte über dem Haupt des Schreibenden, mit den Ketten. Er blickt wieder auf und sieht das gleiche Bild wie zuvor: die winkende Gestalt. Er wartet nicht länger, nimmt das Licht und folgt ihr. Sie ging langsamen Schrittes, wie von Ketten beschwert. Nachdem sie in den Hof des Hauses eingebogen war, löst sie sich plötzlich auf und läßt ihren Begleiter allein. Allein gelassen rafft er Gras und Blätter zusammen und legt sie als Zeichen an die Stelle. Am nächsten Tag geht er zu den Behörden und ersucht sie, an dieser Stelle aufgraben zu lassen. Man findet in Ketten gelegte und damit umwundene Gebeine, die der mit der Zeit in der Erde verweste Leichnam nackt und verwittert in den Fesseln zurückgelassen hatte; sie werden geborgen und auf Staatskosten beigesetzt. Das Haus war später, nach gehöriger Bestattung der Überreste, frei von Erscheinungen.«[83]

So weit also dieser Bericht Plinius' des Jüngeren aus dem ersten nachchristlichen Jahrhundert. Die Parapsychologie, die nun die Faktizität eines neunzehnhundert Jahre alten Berichtes nicht zu verifizieren vermag, vergleicht derartige Berichte mit Vorkommnissen aus der Gegenwart, die ja in vielen Fällen überprüfbar sind. Bender hebt die den meisten Berichten gemeinsamen Merkmale hervor und gibt ein Beispiel aus seiner eigenen Erfahrung zum Vergleich:

»Dieses Modell, dieses pattern, geht durch die Jahrhunderte hindurch bis heute, ist im Volksglauben verankert, der sagt, daß solche ortsgebundenen Spukereig-

[83] C. Plinius Caecilius Secundus: Sämtliche Briefe. Eingeleitet, übersetzt und erläutert von André Lambert. Zürich–Stuttgart 1969, S. 283–286.

nisse verbunden sind mit irgendwie verwerflichen Taten, also einem Mord, einem Selbstmord und ähnlichem und daß, wenn diese Tat irgendwie gesühnt ist, es dann aufhört. Die spiritistische Interpretation lautet: unerlöste Geister, unerlöste Seelen, Wiedergänger verursachen das. Dies ist nicht zwingend, sondern es kann auch an einem solchen Ort ein psychischer Wirbel bestehen, nicht materiell faßbar, nicht energetisch ausdrückbar, der persistiert. Ein Beispiel dazu, eine Erfahrung von mir: Juristenwohnung in einer süddeutschen Stadt, elfjähriger Junge fängt plötzlich beim Schlafengehen immer an zu schreien, er sehe einen schrecklichen Menschen mit weißer Zipfelmütze und nach oben gedrehte Augen und es würde ihn furchtbar ängstigen. Man dachte, er sei gestört. Durch Zufall stellte sich heraus, daß dreißig Jahre vorher in dem Zimmer jemand, der genauso aussah, sich erhängt hatte. Nun, was ist das? Nach meiner Auffassung ist es nicht der persönlich Überlebende, der nun diese Sinnestäuschung erzeugt, sondern es ist etwas, das unfaßbar eben diesen Ort imprägniert hat. Ganz ähnlich wie es ja in der Parapsychologie ein Versuchsverfahren gibt, die sogenannte Psychometrie, wo der Hellseher ein Objekt nimmt und dann aufgrund dieses Objektes die Beziehungen dieses Objektes, den Eigentümer usw. erkennt, und da ist die beste Hypothese diese, daß das Objekt wie ein Andenken ist. Wenn Sie an die See reisen und eine Muschel mitbringen und stellen sie auf den Schreibtisch, dann, wenn immer Sie die Muschel sehen, fällt Ihnen in aller Deutlichkeit die Urlaubszeit ein. Das psychometrische Objekt ist für den Hellseher ebenfalls ein Andenken, bringt es aber nicht in Verbindung mit dem eigenen Gedächtnis, sondern mit dem Gedächtnis von anderen, und so kann durchaus die Beziehung beim ortsgebundenen Spuk sein. Das ist durch solche physikalisch nicht definierbare raum-zeitunabhängige psychische Felder getragen und nicht durch einen personal Überlebenden.« [84]

Benders Erklärungsversuch stößt natürlich nur dort auf Verständnis, wo die Möglichkeiten des Unbewußten als wirkmächtige Realität bekannt sind. Dennoch erscheint die Interpretation des Parapsychologen auf den ersten Blick als ein unnötiger Umweg, stellt man sie der raschen Antwort der Spiritisten gegenüber.

Bender ist sich der Problematik seiner Deutung durchaus bewußt und betont, daß er in der animistischen Interpretation nicht die ausschließliche Lösung für alle paranormalen Erscheinungen sieht: »Wenn ich eben sagte, die von den Spiritisten angeführten Beweise sind nicht zwingend, dann muß ich hinzufügen, daß für eine Reihe von Phänomenen ein Wort von William James gilt, daß die spiritistische Hypothese als die plausibelste erscheint, was aber nicht heißt, daß die spiritistische Interpretation zwingend ist, und ich muß hinzufügen, Sie können die spiritistische Hypothese auch nicht widerlegen, sie ist nicht denkunmöglich. Aber da gilt der alte scholastische Grundsatz: principia non sunt numeranda praeter necessitatem. Das heißt: solange wir in der Interpretation mit dem auskommen, was wir auch im Laboratorium, sicher nicht in Interaktion mit Verstorbenen, demonstrieren können, halten wir uns daran und nehmen Verstorbene nicht in Anspruch.« [85]

Auch Resch, der sich als Priester und Theologe nicht

[84] Tonband-Interview 1973.
[85] Ebd.

dem Verdacht aussetzen muß, daß er das Jenseits leugne und deshalb den spiritistischen Gedankengang nicht mitvollziehen könne, lehnt aus methodischen Gründen die Beweisführung spiritistischer Autoren ab: »Sehen Sie, die Paranormologie ist eine Wissenschaft und befaßt sich, wie ich gesagt habe, mit dem sogenannten Innenraum. Das Leben nach dem Tode aber steht außerhalb des Innenraumes, wenn ich das Wort gebrauchen darf, und daher möchte ich sagen, daß es grundsätzlich für die Paranormologie und für jede Wissenschaft unmöglich ist, etwas über das Fortleben nach dem Tode zu sagen. Das ist von der Wissenschaft als Methodik her prinzipiell unmöglich. Wir haben ja hier sehr viele Berichte, z. B. daß sich die Toten kundtun, wir kennen dieses Stimmenphänomen, dann kennen wir die spiritistischen Sitzungen, wir kennen das Phänomen des sogenannten Anmeldens und dergleichen. Das Problem liegt hier darin: wie kann ich den Beweis erbringen, daß derjenige, der sagt, ich bin der Geist dieses Verstorbenen, tatsächlich der Geist dieses Verstorbenen ist? Es geht um den Identitätsbeweis. Um diesen Beweis liefern zu müssen, müßte ich hinübergehen in die Transzendenz, um den dort zu fragen, ob er tatsächlich jetzt im Diesseits aktiv war.« [86]

Und ergänzend sagte Resch in einem anderen Zusammenhang: »Es gibt hier kein Ineinander zwischen Glaubensinhalt und Inhalt der parapsychologischen Forschung. Die parapsychologische Forschung kann immer nur im dreidimensionalen Raum bleiben. Und bei der Theologie geht es ja grundsätzlich um die Offenbarung

[86] Tonband-Interview 1973.

und um die Frage nach dem Sinn des Lebens, in Sonderheit um die Frage nach dem Fortleben nach dem Tode. Der Garant der Auferstehung im theologischen Raum ist Christus, der Auferstandene, und nicht die Botschaft in einer spiritistischen Sitzung oder die Kenntnis einer parapsychologischen Forschung.« [87, 88]

Als ein *Resümee* unserer Überlegungen heben wir noch einmal einige Ergebnisse hervor:

Parapsychologie und Paranormologie, die bislang unbekannte Bereiche der Wirklichkeit erschlossen haben, verweisen uns auf die Grenzen des gängigen wissenschaft-

[87] Tonband-Interview 1971.

[88] In diesem Zusammenhang sei wenigstens auf zwei weitere Aspekte hingewiesen, die im theologisch-seelsorglichen Zusammenhang von Bedeutung sind:

1. Die psychiatrische Erfahrung bekräftigt geradezu die ungebrochene kirchliche Zurückhaltung und Warnung vor dem Okkultismus. Die zahlreichen Gefahren hat der Evangelist Kurt Koch in einem umfangreichen Werk beschrieben – wobei anzumerken ist, daß die Parapsychologie selbst in den Verdacht gerät, mit finsteren Dämonen in Berührung zu stehen: Seelsorge und Okkultismus. Die seelsorgliche Behandlung von Menschen, die durch die Beschäftigung mit okkulten Dingen seelisch angefochten oder erkrankt sind. Eine praktisch-theologische und systematische Untersuchung unter Berücksichtigung der medizinischen und psychologischen Grenzwissenschaften, Berghausen o. J.,16. Auflage.

2. Während Parapsychologen hervorheben, daß das nachtodliche Leben nicht unbedingt religiös gedeutet werden müsse, sondern auch als ein »naturales Jenseits« verstanden werden könne, machen Theologen den Hinweis: »Ein irgendwie geartetes Weiterexistieren bliebe genau so tief erlösungsbedürftig wie unsere irdische Existenz.« (Gerd Schimansky: Das Angebot der Parapsychologie, in: Wege zum Menschen, 22. Jg., Heft 4 April 1970, S. 101–109, hier S. 107). Adolf Köberle in einem Interview 1973: »Und zum anderen bleibt ja doch bestehen, daß es in der Bibel heißt: Ihr sollt nicht gewalttätig von euch aus in die Welt der Abgeschiedenen eindringen.«

lichen Weltbildes. Während die Faktizität zahlreicher ungewöhnlicher Erscheinungen nachgewiesen werden konnte, bleibt die Erklärung dieser Phänomene noch zu leisten.

Die Grenzwissenschaften verweisen auf die Aktualität uralter philosophischer Fragen: was ist Materie, was ist Geist, gibt es eine Psyche, wie verhalten sich Körper und Geist zueinander? etc.

Der Naturbegriff der Wissenschaften erweist sich als problematisch. Die traditionelle Distanz zwischen Naturwissenschaft und Glaube ist geringer geworden: die alte Frontstellung zwischen Religion und Empirie zeigt sich als revisionsbedürftig. Man sieht heute deutlicher, daß die empirische und die Glaubenswissenschaft mit je eigenen Methoden und Erkenntnismitteln arbeiten und daß deshalb die Ergebnisse der einen für die jeweils andere Wissenschaft nur von beschränktem Aussagewert sind.

Die Erfahrung der Parapsychologie, daß die menschliche Psyche den Raum und die Zeit unter besonderen Umständen zu transzendieren vermag, diese Erfahrung rückt sogar die Wissenschaft dem religiösen Gedanken näher, daß die Seele auch unabhängig von einem lebenden leiblichen Organismus existieren kann.

Den Beweis für ein Fortleben nach dem Tode und die Existenz einer jenseitigen Welt hat die Wissenschaft der Grenzphänomene nicht erbracht.

Es bleibt fraglich, ob die Empirie diesen Beweis jemals liefern kann, ob eine leibfreie seelische Existenzweise von der Empirie überhaupt eingeholt werden kann.

Der Okkultismus wirft seinerseits die berechtigte Frage auf, ob die Wissenschaft nicht eine Wirklichkeitsverkürzung in Kauf nimmt, wenn sie auf der Empirie als der einzigen Kategorie des Wahrheitsbeweises beharrt.

Zum Abschluß sei noch einmal Andreas Resch zitiert[89], und zwar mit einigen Gedanken, die sowohl gnostische Ansprüche zurückweisen, als auch geeignet sind, Befürchtungen zu zerstreuen, in der Parapsychologie könne eine neue Ersatzreligion entstehen:

»Bezüglich der Grenze des heutigen Denkens und der heutigen Kenntnisse möchte ich vom Blickpunkt der Parapsychologie und in Sonderheit der Paranormologie her sagen, daß es Aufgabe der Wissenschaften ist, an der Grenze der heutigen Kenntnisse etwas weiter zu nagen, um vielleicht Neues noch zu erkennen. Aber hier muß man in bezug auf die Theologie eine volle Grenze sehen. Es wird niemals möglich sein, durch dieses ›Grenznagen‹ wenn ich das so bezeichnen darf, schließlich dann in die Transzendenz, das heißt ins Jenseits hinein zu kommen und so mittels wissenschaftlicher Methode den ganzen Himmel und Gott selbst noch unter Kontrolle zu bekommen.

Dieser Himmel und dieser Gott würden uns tatsächlich keinen Trost geben können, denn sie gehörten dann ja auch in den dreidimensionalen Raum hinein und zudem noch unter die Kontrolle des Menschen. Ein armer Gott und ein trostloser Himmel!«

[89] Tonband-Interview 1971.